Sabine Seyffert
Kleine Mädchen – Starke Mädchen

Sabine Seyffert

KLEINE MÄDCHEN
STARKE MÄDCHEN

Spiele und Phantasiereisen,
die mutig und selbstbewusst machen

Mit Illustrationen von
Monica May

Kösel

Dieses Buch ist meinen beiden starken Töchtern
Finja Alina und Pina Maya
gewidmet.

ISBN 3-466-30444-X
© 1997 by Kösel-Verlag GmbH & Co., München
Printed in Germany. Alle Rechte vorbehalten
Druck und Bindung: Kösel, Kempten
Umschlag: Elisabeth Petersen, München
Umschlagmotiv: IFA Bilderteam München. Fotograf: J. Heron

1 2 3 4 5 · 01 00 99 98 97

Gedruckt auf umweltfreundlich hergestelltem Werkdruckpapier
(säurefrei und chlorfrei gebleicht)

Inhalt

Weshalb ein Buch für starke Mädchen?

Die Idee, ein Buch für Mädchen zu schreiben, beschäftigt mich bereits seit langer Zeit. Sowohl in meiner Tätigkeit als Erzieherin als auch in meiner freiberuflichen Beschäftigung als Entspannungspädagogin war und bin ich ständig damit konfrontiert, dass Mädchen viel zu oft der Mut fehlt, sich zu wehren und den Mund aufzumachen, wenn ihnen etwas nicht gefällt. Dass die Mädchen aus der Gruppe zu mir kamen, um sich über das raue Verhalten der Jungens zu beschweren, war fast fester Bestandteil des Tagesablaufes. Und auch in meinen Entspannungskursen für Kinder erfahre ich bei Gesprächen immer wieder, dass sich Mädchen oft schwach und hilflos fühlen, nicht wissen, *wie* sie sich erfolgreich zur Wehr setzen können und es ihnen besonders an Mut dazu fehlt.

Da ich selbst bisher regelmäßig an Selbstbehauptungs-, Selbstverteidigungs- oder Wendokursen teilgenommen und bereits auch einige erfolgreiche Selbstbehauptungskurse für Mädchen durchgeführt habe, weiß ich, dass man den Mut, sich zu wehren erlernen und trainieren kann. Sicherlich kann man nicht von jetzt auf gleich lernen, laut und erfolgreich Nein zu sagen, wenn man etwas nicht möchte. Aber durch gezielte Übungen, wie Sie sie in diesem praxisnahen Buch finden, und ständige Wiederholungen, werden die schwachen Mädchen zu *starken Mädchen* werden, die nicht nur wissen, wie man sich wehren kann, sondern dieses zudem auch lauthals und vor allen Dingen selbstbewusst verkünden.

Sicherlich ist es unumstritten, dass brave, wohlerzogene Mädchen für Eltern und Pädagogen sehr bequem sind. Eine Wohltat zu den vielen Kindern, die aus der Rolle fallen, den Clown spielen, ständig stören oder vor lauter Aggression und angestauter Wut nicht wissen, was sie tun sollen. Aber ich möchte alle Eltern und Erzieher wachrütteln und ihnen deutlich machen, dass der bequemste Weg für Erwachsene längst nicht auch der idealste für die Kinder ist. Auch ich habe zwei Töchter und weiß, wie der Alltag einer Mutter aussieht. Natürlich will ich mich nicht davon freisprechen, dass auch ich hin und wieder den leichteren Weg gehe, aus purer Bequemlichkeit, weil es oftmals schneller geht, manche Dinge rasch selbst zu erledigen. Ein gutes Beispiel ist die Situation bei Tisch. Meine Töchter

sind noch recht klein, probieren aber sehr gerne aus, wie es ist, selber, ohne Hilfe-
stellung zu essen. Da dies in der Regel mit einer großen Kleckerei verbunden ist,
Tisch, Fußboden und die gesamte Kleidung dementsprechend aussehen, ertappe
ich mich häufig dabei, wie ich die Kinder lieber schnell selber füttere oder ihnen
Dinge abnehme, als sie es selbst auszuprobieren zu lassen. Sie kennen sicherlich
auch solche oder ähnliche Situationen, zum Beispiel, wenn ein Kind sich den
Ketchup aus der randvollen Flasche selber auf seinen Teller füllen möchte, Sie
aber genau wissen, dass es dies noch nicht so gut kann und es wahrscheinlich alles verkleckern und verschmieren wird.

Betrachtet man diese Situation einmal objektiv, ist es schon seltsam: Einerseits
möchte man, dass die Kinder etwas Neues dazulernen und sich weiterentwickeln,
aber mit zusätzlicher Arbeit für einen selbst sollte es nach Möglichkeit nicht verbunden sein! Doch wenn wir unsere Kinder zu Persönlichkeiten erziehen möchten,
die selbstbewusst sind, wissen, was sie wollen und sich wehren können, so müssen
wir in Kauf nehmen, dass dies mit Aufwand und Arbeit verbunden ist. Ja, wir müssen auch lernen zu akzeptieren, dass Kinder uns einmal widersprechen, wenn sie
anderer Meinung sind, und nachfragen, wenn sie etwas nicht verstehen. Nur auf
diese Weise unterstützen wir sie auf dem Weg, starke Persönlichkeiten zu werden.
Ich wünsche allen, die gerne mit Mädchen arbeiten und vor allem den Mädchen
selbst, viel Spaß beim Ausprobieren der Übungen und ganz viel Mut, sich in Zu-
kunft gegen Dinge zu wehren, mit denen man nicht einverstanden ist.

Ihre *Sabine Seyffert*

Ich und mein Körper

In unserem Alltag, der mit Stress und Hektik überladen ist und auch schon Kinder unter Druck setzt, gerät unser Körper schnell in Vergessenheit. Wir leben in einer Leistungsgesellschaft, in der man nur mithält, wenn man ununterbrochen arbeitet, lernt, etwas auf die Beine stellt ... Aber wir verlernen dabei, auf unseren Körper zu achten, auf Signale, die uns der Körper sendet, wenn er eine Pause braucht. Nur allzu oft ignorieren wir diese Signale und setzen uns darüber hinweg, bis der Körper irgendwann an den Punkt kommt, an dem er einfach nicht mehr kann. Dies zeigt er uns in Form von Schmerzen oder einer Krankheit. Sicherlich hat jeder schon einmal unter Spannungskopfschmerzen gelitten oder einen kräftigen Schnupfen bekommen, wenn einem alles über den Kopf wächst und man im wahrsten Sinne des Wortes die Nase voll hatte! Doch so soll es nicht sein. Es kann nicht gut und richtig sein, seinen Körper erst dann zu spüren und wahrzunehmen, wenn er nicht mehr richtig »funktioniert« oder schmerzt. Vielmehr müssen wir wieder lernen, auf unseren Körper zu hören, dessen Signale nicht nur zu bemerken, sondern dementsprechend zu handeln. Und erst wenn wir wieder liebevoll und aufmerksam mit uns und unserem Körper umgehen und uns mit uns selbst auseinandersetzen, können wir ein gesundes Selbstbewusstsein erlangen, das uns Mut macht, uns im Leben durchzusetzen. Sich durchsetzen heißt nicht, mit dem Kopf durch die Wand zu rennen, und so soll auch dieses Buch nicht verstanden werden. Vielmehr sollen die in den einzelnen Kapiteln vorgestellten Spiele und Aktionen den Kindern deutlich machen, wer sie sind und was sie können, damit sich ein gesundes Selbstbewusstsein entwickeln kann. Kinder, und vor allen Dingen Mädchen, sollen sich trauen können, einmal zu sagen, was sie besonders gut können oder ihre Meinung vertreten, wenn sie diese mit einem anderen nicht teilen!
Um den Mädchen zu helfen, ein gutes Bild von sich selbst zu bekommen, sollten Sie mit ihnen gemeinsam einige der Übungen aus diesem Kapitel ausprobieren.

Genauso seh ich aus …

Alter: ab 4 Jahren
Teilnehmerzahl: mindestens 2
Material: pro Kind ein einfarbiger, sauberer Bettbezug, Pinsel, Stoffmalfarbe, Stoffmalkreide oder Stoffmalstifte (sind für Kinder im Kindergartenalter einfacher, da man direkt mit der Kreide oder den Stiften auf das Betttuch zeichnen kann)

Jeweils zwei Kinder helfen sich gegenseitig. Das eine Kind legt sich auf den am Boden ausgebreiteten Bettbezug und das zweite Kind zeichnet mit dem Pinsel und der Stoffmalfarbe oder -kreide den Umriss des liegenden Kindes auf das Betttuch. Ist der Umriss vom ersten Kind fertig, kann sich das zweite Kind auf seinen Bettbezug legen und bekommt seinen Umriss gemalt. Wenn auch dieser fertig ist, dürfen die Kinder ihren eigenen Umriss farbig ausmalen und gestalten, damit dieser schließlich so aussieht, wie das Kind selbst.

• **Anmerkung:**
Für die Kinder ist das eine tolle Aktion, die schließlich ihre ganz persönliche Bettwäsche hervorbringt bzw. ihr

Spiegelbild. Zugleich können Ängste, die manche Kinder mit dem Schlafen verbinden, auf diese Weise ganz behutsam genommen werden. Denn mit Hilfe ihres Doppelgängers auf der Bettdecke haben sie jetzt einen Schutz vor allem, was ihnen unheimlich ist und nachts Angst macht.
Allerdings ist Bettwäsche nicht gerade billig. Deshalb sollten diese persönlichen Bezüge für einen besonderen Anlass aufgehoben werden, zum Beispiel als Weihnachtsgeschenk oder zur Einschulung. Oder aber man veranstaltet einen Flohmarkt, bei dem Kinderkleidung, Spielzeug und Basteleien verkauft werden. Aus dem Erlös könnte man dann die Bettbezüge bezahlen. Billiger, aber wesentlich aufwendiger ist es, geschickte Mütter zu bitten, aus weißem Stoff Bettbezüge zu nähen.

Bettwäsche zum Bemalen kann man auch direkt bestellen bei dem Versand Jako-o, Postfach 1150, 96473 Rodach.

Noch eine Kleinigkeit: Wenn Sie bunt eingefärbte Bettbezüge haben, müssen Sie zum Bemalen gut deckende Stoffmalfarben nehmen, sonst kann man diese auf dem farbigen Untergrund nicht erkennen!

Das Bild von meinem Körper

Alter: ab 4 Jahren
Teilnehmerzahl: 1 oder mehrere
Material: pro Kind eine Kopie des Körpers, Stifte

Jedes Kind bekommt eine Kopie seines Körpers und darf mit Hilfe der Stifte einzeichnen, welche verschiedenen Körperstellen es gerne mag und welche es überhaupt nicht leiden kann.

• **Anmerkung:**
Im Anschluss an die Malaktion sollten Sie den Kindern die Möglichkeit geben, sich auszutauschen. Vielleicht möchten die Kinder die Bilder ihrer Körper in der Runde vorstellen und kurz erzählen, was sie an ihrem Körper gerne haben und was ihnen nicht gefällt. Um die Bilder anschaulicher zu gestalten, könnte man die Kinder bitten, die Dinge, die sie nicht mögen, im Körperbild schwarz einzuzeichnen und die Dinge, die ihnen gefallen und die sie gerne mögen, in hellen Farben wie gelb, orange, flieder o.ä.
Wenn Sie diese Übung mit Kindern durchführen, die erst 4 Jahre oder nur wenig älter sind, können Sie die Kinder erst einmal bitten, nur das einzumalen, was sie gerne haben, damit sich die Kinder auf eine einzige Sache konzentrieren können und nicht durcheinander kommen.

Ich spüre meinen Körper

Alter: ab 4 Jahren
Teilnehmerzahl: 1 oder mehrere
Material: –

Jedes Kind sucht sich eine Stelle im Raum, an der es genügend Platz hat und von keinem anderen gestört wird. Dann beginnt es, mit geöffneten Händen leicht über die Kopfhaut zu rubbeln, über Haare, Ohren, Gesicht und schließlich den Hals. Alles muss gut durchgerubbelt und gestreichelt werden. Dabei sollte von den geöffneten Handinnenflächen ein leichter Druck ausgehen, der angenehm ist. Ist der Kopf richtig wachgerubbelt, »bearbeitet« man nacheinander die Schultern und beide Arme. Natürlich werden bei dieser Rubbelmassage auch die Hände nicht vergessen. Man kann die Hände aneinander reiben, so als würde man diese tüchtig eincremen wollen. Als Nächstes ist dann der Rumpf an der Reihe. Angefangen vom Brustkorb bis hin zum Bauch muss alles kräftig gerubbelt werden. Sind die Kinder auch damit fertig, sind ganz zum Schluss noch die beiden Beine und die Füße dran. Wie bei den Armen wird zuerst das eine Bein und anschließend das andere gerubbelt. Wenn der Körper gut wachgerubbelt, gerieben und gestreichelt ist und keine Stelle mehr fehlt,

können die Kinder im Stehen einmal einen Moment lang ihre Augen schließen. Sie sollen spüren, was in ihrem Körper vorgeht und ob sich dieser nun anders anfühlt als zuvor.

- **Anmerkung:**

In der Regel werden die Kinder davon berichten, dass sie ein angenehmes Kribbeln im Körper und vor allen Dingen auf der Haut spüren. Durch das kräftige Rubbeln und Reiben wird der Körper gut durchblutet, so dass sich Verspannungen lösen können. Nach einer solchen »Massage« können Kinder ganz bewusst ihren Körper spüren.

Wenn Sie diese Übung mit Kindern im Kindergartenalter machen, sollten Sie diese abkürzen, die Anweisung erst einmal auf ein einziges Körperteil beschränken, beispielsweise auf einen Arm. Den sollten die Kinder ordentlich und gründlich durchrubbeln und anschließend für eine Weile die Augen schließen, um den Arm einmal ganz bewusst zu spüren. Wenn die Kinder noch konzentriert sind und Lust haben, kann man die Übung auch mit dem anderen Arm oder dem Kopf machen. Sprechen Sie auch nach dieser Übung mit den Kindern über ihre gemachten Erfahrungen. Wenn die Kinder lieber malen, anstatt der gesamten Gruppe ihre Erfahrungen und Eindrücke zu schildern, lassen Sie sie einfach auf einer Kopie des Körperschemas das Ge-

fühl einzeichnen, das sie spüren konnten und die Stelle, an der sie es spür-
ten. So bekommen Sie einen kleinen
Einblick, wie die Kinder sich dabei gefühlt haben und wie ihnen die Übung
gefallen hat.

Wenn man diese Übung wirklich gründlich durchführt, wird die Aufnahmefä-
higkeit und Konzentration der Kinder
enorm gesteigert. Probieren Sie die
Übung am besten selbst vorher einmal
aus. Auch Ihnen wird die wohltuende
Wirkung dieser Übung nicht verborgen
bleiben!

Ich reise durch meinen Körper

Alter: ab 4 Jahren
Teilnehmerzahl: 1 oder mehrere
Material: pro Kind eine Decke und
ein Kissen

Jedes Kind darf sich nun eine der Decken und ein Kissen nehmen und sich
dann einen Platz im Raum suchen, an
dem es sich auf der Decke gemütlich
machen kann. Wenn die Kinder möchten, können sie ihren Kopf auf das Kissen legen. Liegen schließlich alle Kinder ganz bequem, können Sie mit folgender Übungsanweisung beginnen:

*Wir werden nun eine kleine Reise
durch unseren Körper machen ... Versucht einfach die Dinge, die ich erzäh-
le, so gut wie möglich zu spüren ...
Wenn unsere Reise durch unseren Körper beendet ist, haben wir genug Zeit,
um uns auszutauschen ... Nun schließt
bitte eure Augen und spürt einen Moment lang, wie euer Körper auf dem
Boden liegt ... (30 Sekunden)
Geh nun mit deiner Aufmerksamkeit in
deine Füße und versuche, sie ganz deutlich zu spüren ... Wenn du magst,
kannst du deine Füße etwas hin und
her bewegen, damit du sie deutlicher
spüren kannst ... Spüre nun deine Bei-*

ne, wie sie auf der weichen Decke liegen ... Wie berühren deine Beine die Decke? ... Bewege deine Beine ganz leicht hin und her, damit du sie ganz genau spüren kannst ... Als Nächstes sollst du deinen Po spüren ... Am besten kneifst du deine Pobacken einmal ganz fest zusammen, dann kannst du den Po richtig gut fühlen ... Spürst du, wie dein Po am Boden aufliegt? ... Versuche jetzt einmal deinen Rücken zu spüren ... Dein Rücken berührt die Decke, die unter ihm liegt ... Wie fühlt sich dein Rücken an? ... Lass deine Schultern richtig in die Decke fallen, damit sie sich gut entspannen können ... Nun spüre deine Arme ... Erst den einen und dann den anderen ... Achte nur auf deine Arme und deine Hände ... Was kannst du spüren? ... Wenn du willst, kannst du auch deine Arme und Hände ganz sanft hin und her drehen, damit du sie besser wahrnehmen kannst ... Und zu guter Letzt kannst du noch deinen Kopf spüren ... Auch dein Kopf liegt am Boden und berührt die Decke ... Wackel ruhig ein bisschen mit deinem Kopf, damit du ihn gut spüren kannst ...
So, nun hast du die Reise durch deinen Körper fast beendet. Versuche einfach noch einmal, deinen ganzen Körper zu spüren und wahrzunehmen. Vielleicht war bei deiner Reise eine Körperstelle dabei, die du nicht so gut spüren konntest wie die anderen? Wenn du magst, kannst du noch einen Moment lang ver-

suchen, genau diese Stelle zu spüren ... Lass dir ruhig Zeit dabei ... (ca. 30 Sekunden)
Nun ist es an der Zeit, die Reise durch den Körper zu beenden. Bitte balle deine Hände zu ganz festen Fäusten, atme einige Male tief ein und aus, dann recke und strecke dich, bis du dich wieder voller Kraft und Energie fühlst!

• **Anmerkung:**
Bei Kindern im Kindergartenalter kann es ratsam sein, die Übung etwas zu verkürzen und die Kinder nur eine Körperstelle spüren zu lassen. Wenn die Kinder jedoch mit Übungen solcher Art vertraut sind oder viel Ausdauer haben, kann man sie auch genau wie beschrieben durchführen. Da die Kinder in regelmäßigen Abständen ihre Körper leicht bewegen, wird diese Übung auch für unruhigere Kinder in der Regel kein Problem darstellen.

Manches mag ich, anderes nicht

Alter: ab 4 Jahren
Teilnehmerzahl: 1 oder mehrere
Material: weißes Papier mindestens in Größe Din-A4, Bunt- oder Wachsmalstifte

Jedes Kind bekommt ein Blatt Papier und faltet dieses in der Mitte. Auf die eine Hälfte kann es nun mit Hilfe der Stifte all die Dinge malen, die es gerne mag und auf die andere Bildhälfte kommen die Sachen, die das Kind überhaupt nicht leiden kann.
Um den Kontrast zwischen den schönen Dingen und den Sachen, die man nicht mag, mehr hervorzuheben, kann man den Knick in der Mitte mit einem dicken schwarzen Stift nachziehen.

- **Anmerkung:**
Bei Kindern, die unschlüssig sind, was sie nun malen sollen, bietet sich an, vorab ein Gespräch zu führen. Sicherlich weiß jedes Kind eine Sache, die es besonders gerne mag und gut leiden kann und ebenso gut werden Kindern Dinge einfallen, die sie gar nicht mögen. Bei Kindergartenkindern würde ich anraten, vor dem Malen einen kleinen Austausch im Stuhlkreis stattfinden zu lassen. Meist fallen den Kindern dann zahlreiche Dinge ein, die sie später zu Papier bringen können.
Wer ungern malt, kann auch aus Zeitungen, Katalogen etc. Bilder und Situationen ausschneiden, die auf die jeweiligen Bildhälften geklebt werden können.

Mein Traumkissen

Alter: ab 4 Jahren
Teilnehmerzahl: 1 oder mehrere
Material: pro Kind eine unifarbene Stofftasche mit Henkel, Schere, Stoffmalfarben (Stifte, Kreide oder flüssige Farbe in Töpfchen, ggf. Pinsel. Flüssige Farben sind allerdings erst für Kinder ab dem Schulalter zu empfehlen), Schaumstoff zum Füllen (gibt es im Baumarkt als Meterware zu kaufen)

Jedes Kind bekommt eine Stofftasche und darf diese mit den Stoffmalfarben bemalen. Anschließend muss die Tasche an einen warmen Ort zum Trocknen gelegt werden.
Ist die Farbe ganz getrocknet, werden die Henkel mit Hilfe der Schere genau in der Mitte durchgeschnitten. Dann schneidet man aus dem Schaumstoff ein Rechteck, das die Größe der Tasche hat und steckt dieses in die bemalte Tasche hinein. Die durchgeschnittenen Henkel knotet man nun so zu, dass der Schaumstoff nicht aus der Tasche herausfallen kann. Fertig ist das ganz persönliche Traumkissen! Man kann es für zahlreiche Stilleübungen, Massagen, Phantasiereisen, Entspannungsübungen oder auch als Sitzkissen jederzeit einsetzen!

• **Anmerkung:**
Bügelt man die bemalten Stofftaschen vor dem Füllen und wäscht sie anschließend, ist das Kunstwerk haltbarer.
Denn durch das Bügeln wird die Stofffarbe fixiert und lässt sich nicht mehr herauswaschen.
Sie könnten den Kindern auch vorgeben, die eine Kissenseite mit einem fröhlichen Gesicht oder einer Situation zu bemalen, die sie glücklich macht und die andere mit einem wütenden, ärgerlichen Gesicht oder einer Situation, die sie traurig stimmt. So kann man die Kissen für Übungen gezielter einsetzen. Beispielsweise indem man die Kinder bittet, sich auf die Kissenseite zu setzen, die im Moment zu ihrer Stimmung passt.

Das macht mich froh − das stimmt mich traurig!

Alter: ab 4 Jahren
Teilnehmerzahl: mindestens 6
Material: −

Alle Kinder setzen sich in einen Kreis auf den Boden. Nun darf der Reihe nach jedes der Kinder Dinge nennen, die es fröhlich macht. Wem fällt zuerst nichts mehr ein? Wenn keinem mehr etwas einfällt, kann man die Runde ein-

mal andersherum starten. Dabei nennt jedes Kind Sachen, die es traurig stimmt. Auch hier läuft die Runde solange, bis keinem mehr etwas einfällt!

- **Anmerkung:**

Wenn die Kinder noch Lust haben, kann man über die aufgezählten Dinge ein Gespräch führen. Vielleicht sind dem einen oder anderen Dinge aufgefallen, die ihn persönlich überhaupt nicht fröhlich stimmen, obwohl ein anderes Kind diese genannt hat.

Haben die Kinder Interesse daran, an dieser Aktion weiterzuarbeiten, könnten sie beispielsweise aus weißem Papier Kreise ausschneiden, auf die jeweils eine genannte Situation oder Sache gemalt wird. Diese Kreise klebt man am Rand aneinander und auf einen Kreis malt man einen Raupenkopf. Man kann auch zwei Raupen kleben, eine fröhliche Raupe und eine, deren Körper aus den Dingen besteht, die die Kinder traurig stimmt.

Das kann ich gut!

Alter: ab 4 Jahren
Teilnehmerzahl: mindestens 4
Material: –

Alle Kinder setzen sich in einen Kreis auf den Boden. Das erste Kind beginnt und darf eine Sache nennen, die es gut kann. Dann ist das nächste Kind an der Reihe und sagt ebenfalls etwas, was es besonders gut kann. Zum Beispiel: Nele sagt, dass sie besonders gut basteln kann. Lara dagegen erzählt, dass sie sehr gelenkig ist und deswegen gut turnen kann. Maya verrät den Kindern, dass sie viele Ideen hat und es deshalb liebt, sich Geschichten auszudenken etc.

• **Anmerkung:**
Besonders für Mädchen ist es oft ein großes Problem, positive Dinge an sich selbst zu sehen und auf diese auch noch stolz zu sein. Dabei ist jedes Kind eine eigenständige Persönlichkeit, die bestimmte Vorlieben hat, verschiedene Hobbys und Dinge die es gerne tut, weil es diese besonders gut kann. Zu solchen Eigenschaften zählen beispielsweise auch die Fähigkeit, gut zuhören zu können, anderen Kindern zu helfen, Freunde zu trösten oder jemand, den man gerne hat, ab und an zu überraschen.

Was hättest du am liebsten, wenn du traurig bist?

Alter: ab 4 Jahren
Teilnehmerzahl: 1 oder mehrere
Material: –

Alle Kinder setzen sich in einen Stuhlkreis oder einfach auf den Boden. Das erste Kind erzählt nun von einer Sache, die es traurig stimmt. Und anschließend teilt es den anderen mit, was es in genau dieser Situation am allerliebsten hätte, damit es ihm wieder besser geht und es sich nicht mehr traurig fühlt. Dann ist der Nächste an der Reihe.

• **Anmerkung:**
Auch die Spielleitung sollte bei diesen Gesprächen immer aktiv teilnehmen und sich in das Gespräch so einbringen, wie es auch die Kinder tun. Denn sonst fühlen sich die Kinder beobachtet und man selbst grenzt sich aus. Manchmal ist es für die Gruppe auch einfacher, wenn die Spielleitung beginnt und über sich erzählt.

Meine Hand

Alter: ab 4 Jahren
Teilnehmerzahl: 1 oder mehrere
Material: Gips, altes Plastikgefäß, kleine Springform

Der Gips wird wie in der Packungsbeilage beschrieben in dem Plastikgefäß angerührt. Dann füllt man ihn in die Springform und wartet einige Zeit, bis die Gipsmasse etwas fest geworden ist. Dann darf das Kind seine rechte oder linke Hand in die Gipsmasse hineindrücken. Wenn der Gips vollständig hart geworden ist, kann man ihn aus der Form herausnehmen und an das entsprechende Kind verteilen.

• **Anmerkung:**
Diese Aktion ist recht zeitaufwendig, aber dennoch für die Kinder eine schöne Erinnerung. Wenn die Kinder möchten, kann man die Gipshand mit Plakafarbe o.ä. anmalen, dann kommen die verschiedenen Handgrößen und Formen besonders gut zur Geltung.
Für den Fall, dass die »Hände« anschließend in den Gruppenraum gehängt werden sollten, muss in die noch weiche Gipsmasse ein Nagel gesteckt werden. Durch dieses so entstandene Loch kann zum Aufhängen ein Nagel gesteckt oder ein Stück feste Kordel gezogen werden.

Mein Körper hinterlässt Spuren

Alter: ab 4 Jahren
Teilnehmerzahl: 1 oder mehrere
Material: Pinsel, Wasser, Wasserfarben, große, weiße Bögen Tonkarton (ersatzweise Tapetenrollen) mindestens in der Größe Din-A3, evtl. Lippenstifte

Jedes Kind bekommt einen Bogen weißen Tonkarton. Mit Hilfe des Pinsels und der Wasserfarben darf sich das Kind seine nackten Füße bemalen und damit Abdrücke auf den Bogen drucken. Ebenso kann das Kind Handabdrücke auf den Bogen zaubern oder lustige Abdrücke mit den Fingern. Wenn die Kinder Lust haben, können sie sich ihre Lippen mit Lippenstift anmalen und den Mund auf den Papierbogen drücken. Jedes Kind kann sich also sein eigenes Körper-Spuren-Plakat gestalten.

• **Anmerkung:**
Am besten führt man diese Aktion im Freien durch. Dort können die Kinder mit ihren »bunten« Füßen und Händen nichts verdrecken, und die Füße können leicht mit einem Gartenschlauch abgespritzt werden oder die Kinder laufen anschließend durch eine mit Wasser gefüllte Wanne.
Bei schlechtem Wetter sollte man den Boden einfach mit alten Bettlaken, Zeitungsblättern oder Abdeckfolie bedecken und den Kindern alte Stofftücher geben, damit sie sich die Füße anschließend säubern können.

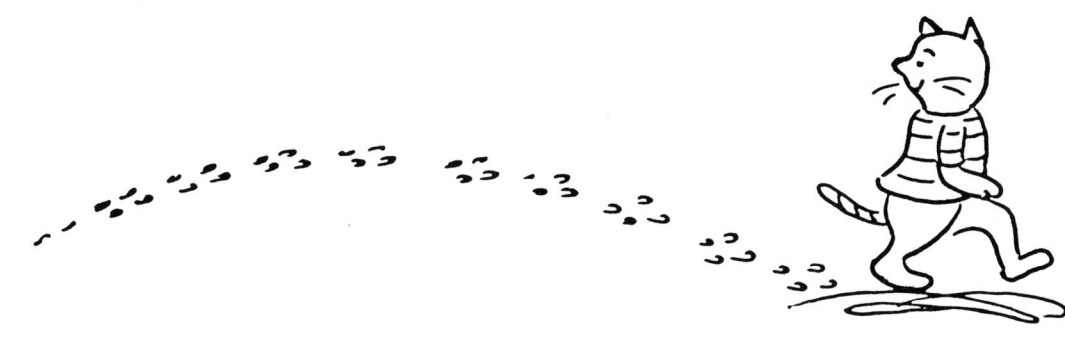

Mensch, das kannst du toll!

Alter: ab 5 Jahren
Teilnehmerzahl: mindestens 6
Material: –

Alle Kinder setzen sich in einem Kreis auf den Boden. Mit dem jüngsten Kind wird begonnen. Nehmen wir an, dass die Leonie die Jüngste in dieser Runde ist. Alle Kinder sind nun nacheinander dran und dürfen Leonie loben, indem sie ihr sagen: »Mensch Leonie, du kannst toll puzzlen!« Das nächste Kind findet: »Mensch Leonie, du kannst die höchsten Türme bauen!« Etc. Jedesmal, wenn Leonie gelobt wird, klatschen die anderen Kinder, weil sie sich freuen, was ihre Freundin alles kann.

Hat schließlich jedes Kind Leonie gelobt, darf Leonie das nächste Mädchen auswählen, das von den anderen gelobt werden soll!

• **Anmerkung:**
Um die Wirkung zu unterstützen, könnte man diese Spielaktion etwas abändern bzw. erweitern. Man könnte die Kinder bitten, all die lobenswerten Dinge zu wiederholen, die bisher gesagt wurden und dann darf man sein persönliches Lob anhängen. Ob wohl das letzte Mädchen, wenn es an der Reihe ist, alle Lobreden behalten hat? Für das Kind, das gelobt wird, ist diese Spielvariante natürlich noch schöner und intensiver, weil die Lobreden ständig wiederholt und schließlich ergänzt werden.

Mein Steckbrief

Alter: ab 6 Jahren
Teilnehmerzahl: 1 oder mehrere
Material: von jedem Kind ein Photo,
ein Blatt Papier in Din-A3, Stifte,
Kleber

Jedes Kind bekommt ein Blatt Papier.
Darauf klebt es sein Photo. Darunter
oder daneben schreibt es seinen Steckbrief. Das kann alles sein, was es zu
seiner Person wichtig findet und anderen mitteilen möchte. Zum Beispiel:
Name, Alter, Adresse, Hobbys, Lieb-
lingsessen, Lieblingstier, wie viele Ge-
schwister es hat und was ihm sonst
noch wichtig ist. So erstellt jedes Kind
seinen individuellen Steckbrief.

- **Anmerkung:**
Es bietet sich an, am Ende alle fertig
gestellten Steckbriefe gut sichtbar auf-
zuhängen. So haben die Kinder jederzeit die Gelegenheit, sich die Steckbriefe, die sie interessieren, durchzulesen.
Möchten Sie solche Steckbriefe bereits
mit Kindern im Kindergartenalter durchführen, können die Kinder zu ihrem
Foto einfach Dinge malen, die zu ihnen
passen und die für sie wichtig sind.

Mein Leben im Rückblick

Alter: ab 8 Jahren
Teilnehmerzahl: mindestens 1
Material: von jedem Kind mehrere
Photos aus allen Lebensjahren, ein gro-
ßer Bogen Tonpapier, Buntstifte, Kleb-
stoff

Jedes Kind erhält einen Bogen Tonpapier und die Photos aus seinem bisheri-
gen Leben. Diese werden in zeitlicher
Reihenfolge auf das Papier geklebt. Daneben kann jeder etwas zu dem jeweiligen Bild schreiben: Wann es gemacht
wurde, wie alt er oder sie zu dieser
Zeit war etc. Zusätzlich kann das Kind
notieren, was es in der Zwischenzeit alles gelernt hat. Angefangen vom Grei-
fen, Krabbeln, Laufen etc. Lassen Sie
die Kinder ihr Plakat so gestalten, wie
es ihnen gefällt.

- **Anmerkung:**
Für Kinder ist es wichtig, im Rück-
blick zu erkennen, was sie schon alles
können und im Laufe der Zeit alles er-
lernt und erfahren haben. Man sollte
den Kindern deshalb im Anschluss
auch die Möglichkeit geben, über ihre
Plakate zu sprechen und sie den anderen Kindern vorzustellen.

Spielaktionen zum Abbau von Wut und Aggression

Es gibt manchmal Tage, an denen sich Kinder unwohl fühlen, sich über Dinge ärgern, einfach nicht gut drauf sind, eine richtige Wut im Bauch haben oder an denen sie voller Aggressionen stecken. Leider wissen sie dann meist nicht, wie sie mit den unguten Gefühlen umgehen sollen oder wie sie diese wieder loswerden. Manche Kinder, besonders häufig Jungen, werden dann anderen gegenüber aggressiv und lassen an ihnen oder an Erwachsenen ihren ganzen Frust aus und die Wut, die sie in sich haben! Doch das ist der falsche Weg. Keiner kann etwas für seine Wut. Besser ist es jedoch, den Kindern schon früh Möglichkeiten zu zeigen, wie sie über ihre Gefühle nicht nur nachdenken, sondern diese auch ausleben können, ohne andere dadurch zu verletzten. Die Spielaktionen in diesem Kapitel helfen den Kindern, ihrer Wut Ausdruck zu verleihen und nehmen sie mit ihren Gefühlen auch ernst. Bitte verstehen Sie mich hierbei nicht falsch. Wenn Sie mit den Kindern diese Spiele durchführen, heißt das nicht, dass dann alle Probleme verschwunden sind. Diese Spielaktionen unterstützen lediglich den Abbau von angestauter Wut oder Aggression. Die Kinder erfahren auf diese Weise, dass auch schlechte Gefühle zu ihrer Persönlichkeit und ihrem Leben gehören und es wichtig ist, diese auch zum Ausdruck zu bringen. Dennoch sollten sie auch immer die Gelegenheit erhalten, über ihre Probleme zu sprechen. Denn durch solche Gespräche erhalten die Kinder im Allgemeinen zusätzliche Einsichten und neue Lösungsmöglichkeiten. Bei einigen kann es durchaus sinnvoll sein, Einzelgespräche über ihre Wut oder ihre aggressiven Gefühle zu führen. Dies ist von Kind zu Kind völlig unterschiedlich – beobachten Sie Ihre Kinder und seien Sie flexibel.

Außer Rand und Band

Alter: ab 4 Jahren
Teilnehmerzahl: 1 oder mehrere
Material: jede Menge alter Zeitungen, Zeitschriften und Kataloge

Auf los, geht's los: Alle Mädchen sind heute außer Rand und Band. Ab geht's in den Berg von alten Zeitungen. Dort kann nach Herzenslust und -frust zerrissen, zerknüllt und geschrien werden. Wer kann die dickste Zeitschrift in der Mitte durchreißen und am schnellsten die meisten Zeitungsblätter zerknüllen?

- **Anmerkung:**
Für die Kinder bietet diese Übung die wunderbare Gelegenheit, angestaute Wut, Aggression und schlechte Gefühle loszuwerden. An den Zeitungen kann man sich herrlich abreagieren. Und was das Tollste daran ist: Keiner kann sich dabei wehtun oder verletzen. Nach dieser Außer-Rand-und-Band-Aktion fühlt sich jeder völlig erlöst und frei!

Auch die jüngsten MitspielerInnen können bei dieser Übung mitmachen. Denn selbst Kinder im Kindergartenalter haben ab und an eine richtige Wut im Bauch und brauchen Raum, um sich auszutoben!
Ideal ist es, den Kindern eine passende Ecke freizuräumen. Vielleicht lässt sich die gute alte Bauecke für eine Woche in eine Wutecke umgestalten? Den Kindern werden so neue Anreize geschaffen und sie haben offiziell die Möglichkeit, schlechten Gefühlen Luft zu verschaffen. Die Zeitungsberge können in der Ecke liegen bleiben, damit die Kinder während des Freispiels jederzeit die Möglichkeit haben, Aggression und Wut an den Zeitungen loszuwerden!

Nein!

Alter: ab 5 Jahren
Teilnehmerzahl: mindestens 6
Material: –

Alle SpielerInnen stellen sich in einem Kreis auf. Der Erste (meistens ist es zu empfehlen, dass die Gruppenleitung beginnt, um ein wirklich lautes Nein vorzulegen!) beginnt und dreht sich zu seinem linken Nebenspieler und schreit lauthals NEIN! Dies geht nun so weiter, bis dieses Nein einmal die Runde im Kreis gemacht hat. Wenn die Gruppenleitung der Ansicht ist, dass die SpielerInnen noch nicht laut genug waren, kann man ruhig mehrere Durchgänge machen. Eventuell sollte die Gruppenleitung auch zwischendurch ein bestimmendes »Lauter!« einwerfen.

- **Anmerkung:**

Bei diesem Spiel lernen die Mädchen, auch einmal richtig laut zu sein. Zudem lernen sie und testen dies direkt aus, ganz bestimmend Nein zu sagen. Dies lässt sich dann nach einiger Übungszeit auch auf Situationen im normalen Alltag umsetzen.
Falls die Mädchen anfangs noch einige Probleme haben, ein lautes Nein aus sich herauszulassen, kann man auch damit beginnen, dass die gesamte Gruppe mehrmals ganz laut Nein in die Kreismitte brüllt!

Ich sag Ja – Du sagst Nein

Alter: ab 6 Jahren
Teilnehmerzahl: mindestens 2
Material: –

Immer zwei Kinder spielen zusammen, dabei sollen die beiden sich einigen, wer zuerst Ja sagt und wer den Nein-Part übernimmt. Wenn die Kinder sich nicht alleine einigen können, geben Sie einfach als Vorgabe, dass die jüngeren Kinder mit dem Ja-Sagen beginnen dürfen. Nach dem Startsignal wird es laut: Die eine Hälfte der Kinder ruft ständig und so laut es eben geht: JA! Die Spielpartner halten mit lauten, kräftigen NEINS dagegen! Nach einer Minute gibt es eine kleine Verschnaufpause, dann werden die Rollen getauscht.

• **Anmerkung:**
Nach dieser Spielaktion dröhnen wahrscheinlich erst einmal allen gehörig die Ohren. Dennoch sollte hierbei in jedem Falle eine Austauschrunde stattfinden. Entweder unter den beiden Spielpartnern oder der gesamten Gruppe. In der Regel werden die meisten Mädchen berichten, dass ihnen das Ja-Sagen wesentlich leichter gefallen ist als das Nein-Sagen, denn Mädchen werden häufiger dazu erzogen zu gehorchen und das zu erledigen, was andere von einem erwarten. Selbst in der heutigen Zeit ist das leider noch oft so. Besonders für diese Kinder ist dieses Spiel eine tolle Erfahrung, denn hier wird das Nein ja geradezu gefordert.
Um die Mädchen während des Spiels zu motivieren, empfiehlt es sich, als Gruppenleiterin während der »Schreiminute« von Spielpaar zu Spielpaar zu wandern und diese durch lautes Zurufen zu motivieren, noch lauter zu schreien, wie etwa: »Lauter, schreit noch lauter!« Allerdings sollte man diese Bitte ebenfalls laut schreien, damit die SpielerInnen wirklich wissen, dass sie einen mit ihrer Stimme übertreffen müssen!

Ich sag dir, was ich will!

Alter: ab 7 Jahren
Teilnehmerzahl: mindestens 8
Material: –

Alle Kinder stellen sich wieder in einen großen Kreis, so dass etwas Platz zwischen den SpielerInnen bleibt. Die Erste beginnt und dreht sich zu ihrer Nebenspielerin. Dann schreit diejenige das, was sie möchte. Beispielsweise könnten dies Äußerungen sein wie:

- Hau bloß ab!
- Lass mich in Ruhe!
- Nein, ich will das nicht!
- Geh weg!
- Verzieh dich, ich will dich nicht mehr sehen!
- Stopp!

Jede Mitspielerin ruft das, was ihr im Moment einfällt und auf dem Herzen liegt. Wichtig ist hierbei natürlich wieder das deutliche, laute Schreien!

- **Anmerkung:**
Im Laufe des Spiels werden die Mädchen ständig sicherer und zuversichtlicher, und es fallen ihnen spontan Dinge ein, die sie äußern und zum Ausdruck bringen möchten. Auch das laute Brüllen und Schreien wird den Kindern bei jedem neuen Übungsversuch leichter fallen. Solche Übungen kann man ruhig hin und wieder wiederholen, das stärkt die Kinder und übt sie in Selbstsicherheit!
Nach einigen Runden können die Mädchen auch einmal ausprobieren, sich beim Schreien nicht nur zu ihren Nachbarinnen umzudrehen, um ihnen etwas an den Kopf zu werfen, sondern sie können zu ihren lauten Stimmen auch den Körper dazu nehmen. Zum Beispiel, indem sie ihre Hände zu Fäusten ballen, diese in die Hüften stemmen, einen Schritt nach vorne auf den »Gegner« zu machen oder eine abwehrende Handbewegung, die keinen Zweifel daran lässt, wie ernst es derjenigen ist, die schreit!

Der Bodenkampf auf weicher Matte

Alter: ab 8 Jahren
Teilnehmerzahl: mindestens 2
Material: eine große Weichmatte, kleinere Matten und Decken

In die Mitte des Raumes wird eine große Weichmatte gelegt, die von einigen kleinen Turnmatten oder Decken begrenzt wird – als Schutz. Zwei Kinder dürfen nun zum Zweikampf antreten. Dazu klettern beide Mädchen auf die Weichmatte und knien sich gegenüber. Sie erhalten vorher die Anweisung, laut Stopp zu schreien, wenn der Kampf beendet werden soll oder sie sich unwohl fühlen. Nach dem Startkommando von Seiten der Gruppenleitung dürfen die beiden einen Bodenkampf ausfechten. Dabei sollen sie versuchen, die andere Spielerin auf den Rücken zu legen, selbst aber oben zu bleiben.

• **Anmerkung:**
Die Mädchen müssen Regeln einhalten können. Die andere Spielerin darf nicht durch Kratzen, an den Haaren ziehen oder ähnliches verletzt werden. Die SpielerInnen sollen bei dieser Übung vor allem einmal austesten, wie viel Kraft sie haben und wie es sich anfühlt, am Boden herumzurangeln. In der Regel sind die SpielerInnen nach einer solchen, für Mädchen völlig außergewöhnlichen Übung, ganz angetan und erstaunt darüber, welchen Spaß so eine Rangelei machen kann. Sie merken dabei auch, dass sie nicht hilflos sind und sich wehren können!

Wichtiger Hinweis:
Wenn mehr als zwei Mädchen an der Übung teilnehmen, sollten sich die anderen Kinder um die Weichmatte herum auf den Boden setzen. Falls die Bodenkämpferinnen sich dem Mattenrand nähern, können diese laut Stopp! rufen und die SpielerInnen vor dem Herunterfallen retten! Während des Bodenkampfes merkt man nämlich meistens gar nicht, wo genau man nun auf der Matte liegt!

Eine wunderbare Kissenschlacht

Alter: ab 4 Jahren
Teilnehmerzahl: mindestens 4
Material: jede Menge verschieden große Kissen, Luftballons, Bett- und Kopfkissenbezüge

Die Ballons werden aufgeblasen (bitte nicht zu prall, sonst zerplatzen sie zu schnell!) und anschließend in die Kopfkissenbezüge und Bettbezüge gesteckt. Diese knotet man dann zu, damit die Ballons nicht hinausfallen können! Einige der Ballons kann man auch zum Werfen draußen lassen.
Die Kinder dürfen für die Kissenschlacht mit den zur Verfügung stehenden Kissen, Ballons und gefüllten Kissen- bzw. Bettbezügen um sich werfen. Wer schafft es, die meisten anderen Mitstreiter mit Ballons zu treffen oder ihnen einen Kissen an den Po zu werfen?

- **Anmerkung:**

Wilde Spiele sind auch für Mädchen besonders wichtig, denn sie bieten eine wunderbare Möglichkeit, sich nach Herzenslust auszutoben, den natürlichen Bewegungsdrang auszuleben, Kräfte einzusetzen und herumzutoben. Die Kissen und Ballons können den Kindern nicht wehtun oder sie gar verletzen.
Sie sollten lediglich darauf achten, dass die Kinder für diese lustige Kissenschlacht ausreichend Platz haben und nichts herumsteht, an dem sie sich verletzen können. Auch auf dem Boden sollte kein Spielzeug herumliegen.
Am besten geht man für dieses bewegungsfreudige, lebendige Spiel in einen Turn- oder Gymnastikraum, da dort, im Gegensatz zu Gruppenräumen, Kinderzimmern oder Klassenzimmern, meistens wenig herumsteht.

Wildes Rugby

Alter: ab 6 Jahren
Teilnehmerzahl: mindestens 6
Material: zwei Tore (Holzreifen, große Pappkartons o.ä.), einen aufgeblasenen Gymnastikball von ca. 50 cm Durchmesser

Die SpielerInnen werden in zwei gleich große Gruppen aufgeteilt. Diese beiden Gruppen sind nun richtig wilde Rugbyspieler, die versuchen müssen, den riesigen Gymnastikball in das gegnerische Tor zu befördern. Da Rugby ein wildes Spiel ist, darf man dazu seine Gegen-

spielerInnen umklammern und festhalten, um an den Ball zu kommen. Der Ball darf getragen, geworfen, gekullert oder gestoßen werden, um zum gewünschten Tor zu gelangen.
Wichtig: Spucken, kneifen, kratzen o.ä. ist hierbei natürlich nicht erlaubt! Denn im Sport geht man schließlich fair miteinander um!

• **Anmerkung:**
Bei dem Spiel geht es weniger darum, welche Mannschaft die meisten Tore erzielt, sondern vielmehr darum, dass auch die Mädchen sich einmal trauen, ihre Kraft einzusetzen und richtig um den Ball zu kämpfen.
Als Tore kann man natürlich auch zwei dicke, weiche Turnmatten nehmen, auf die man sich herrlich samt Gymnastikball draufwerfen kann.
Je nach Alter der Kinder sowie der Gruppengröße kann es sinnvoll sein, die Mannschaften durch bunte Bänder zu kennzeichnen, sonst verliert man zu schnell den Überblick, wer zu welcher Mannschaft gehört! Ist die Gruppe insgesamt größer als zwölf Spieler, könnte man den Schwierigkeitsgrad und somit den Spaß erhöhen, wenn man einen zweiten Gymnastikball mit ins Spiel hineinbringt! Denn so hat jeder die Chance, aktiv zu werden und am Spielgeschehen teilzuhaben.

Sitzfußball mit dem Medizinball

Alter: ab 6 Jahren
Teilnehmerzahl: mindestens 8
Material: zwei Tore (Holzreifen, Pappkartons, am Boden ausgebreitete Tücher o.ä.), ein großer Medizinball

Die SpielerInnen werden in zwei gleich große Mannschaften geteilt. Der schwere Medizinball soll nun von den Mannschaften in das gegnerische Tor gebracht werden. Dazu setzen sich alle auf den Po und dürfen kräftig gegen den Ball treten. Die Hände dürfen dabei natürlich nicht zur Hilfe genommen werden. Um Hilfe von den MitspielerInnen zu bekommen, darf während des Spiels auch laut gerufen werden, um sich besser zu verständigen!

• **Anmerkung:**
Bei dieser Übung können die Kinder ihre Kraft ausleben und sich am Ball austoben. Da ein solcher Medizinball recht schwer ist, müssen die Kinder schon einiges an Kraft aufwenden, um diesen vorwärts zu bewegen. Vor allen Dingen dann, wenn sie dazu auf ihren Pos sitzen. Wenn mehr als 10 bis 12 Kinder mitspielen, kann auch ein zweiter Ball ins Spiel hineingegeben werden!

Ballon zertreten

Alter: ab 4 Jahren
Teilnehmerzahl: 1 oder mehrere
Material: jede Menge aufgeblasener
Luftballons

Die aufgeblasenen Luftballons werden
im gesamten Raum auf dem Boden verteilt. Die SpielerInnen dürfen nach dem
Startkommando im Raum herumlaufen
und die Ballons zertreten. Wer schafft
es am schnellsten, fünf Ballons mit den
Füßen zerknallen zu lassen?

• **Anmerkung:**
Diese Übung können Sie mit fröhlicher,
schwungvoller Musik begleiten. Dann
macht es noch mehr Spaß, weil man so
herrlich von Ballon zu Ballon tanzen
kann.
Kniffeliger sollte es für Kinder sein,
die sich im Schulalter befinden. Ihnen
kann man dabei die Augen verbinden
oder mit einem Tuch die Knie zusam-
menknoten. Wie wäre es mit Teamar-
beit? Das könnte beispielsweise so aussehen, dass immer zwei Kinder zusammenspielen. Sie bekommen ihre Beine
zusammengebunden und müssen nun
mit diesem »großen Gemeinschafts-
bein« die Luftballons zertreten. Das ist
nicht so leicht, wie es sich anhört!

Man kann den Kindern auch andere
Aufgaben stellen, beispielsweise dass
sie die Ballons mit dem Po zum Plat-
zen bringen müssen! Der Phantasie
sind hierbei keine Grenzen gesetzt.
Hauptsache, es macht Krach und allen
viel Spaß!
Im Sommer kann man diese tolle
Übung auch im Freien auf einer Wiese
anbieten. Bei warmem Wetter ist es besonders schön und herrlich erfrischend,
wenn einige der Ballons mit Wasser gefüllt sind!

Wohin mit meiner Wut?

ten Arm hoch und die Spielerin darf nun ihre ganze Wut an dem Ballon auslassen.

Wer mag, kann dabei lauthals schreien, fluchen und mit den Füßen stampfen!

- **Anmerkung:**
Die Kinder bekommen Gelegenheit, die Wut, die sie in ihrem Bauch haben, ganz gezielt abzulassen, ohne jemand anderen dadurch zu schädigen. Ältere Kinder können die Ballons auch gegenseitig festhalten oder sie werden an der Decke befestigt. Man könnte einen für diese Übung präparierten Ballon auch im Raum hängen lassen. Dieser bietet dann den Kindern jederzeit Gelegenheit, angestauten Gefühlen freien Lauf zu lassen!

Alter: ab 4 Jahren
Teilnehmerzahl: 1 oder mehrere
Material: einen riesigen Ballon (Durchmesser mindestens 70 cm) pro Spielerin, etwas Sand und ein festes Gummiband

Der Ballon wird mit etwas Sand gefüllt, aufgepumpt und zugeknotet. Um den Verschluss herum bindet man das Gummiband. Dieses muss fest sitzen und darf nicht abgehen! Nun ist dieser Ballon eine beliebige Person, über die sich das Kind gerade fürchterlich geärgert hat. Die Gruppenleitung hält den Ballon am Gummiband am ausgestreck-

Wenn ich wütend bin, dann ...

Alter: ab 4 Jahren
Teilnehmerzahl: 1 oder mehrere
Material: ein oder mehrere Bettbezüge, jede Menge aufgeblasener Luftballons (bitte nicht zu prall, sonst zerplatzen diese sofort und viel zu schnell!)

Die aufgeblasenen Ballons in die Bettbezüge stecken und diese anschließend zuknöpfen. Die Kinder, die wütend sind oder sich über etwas geärgert haben, dürfen diese Bettbezüge zu Hilfe nehmen, um ihre Gefühle zu verarbeiten. Man kann sich in diese Betttücher hineinwerfen, sie wegtreten, herumwirbeln, fest hineinboxen und vieles mehr.

- **Anmerkung:**

Bei dieser Spielaktion können die Kinder keinem wehtun, auch sich selbst nicht. Wichtig ist dabei auch, dass die Kinder ihre Wut und Aggression nicht an anderen Kindern auslassen, sondern an etwas, das keinen Schmerz empfindet. Die Bettbezüge sollten Sie in eine frei geräumte Ecke legen, nicht unbedingt in die Raummitte, sondern irgendwo am Rand, so dass die Kinder dadurch die Möglichkeit haben, sich gezielt zurückzuziehen.

Spielaktionen, die Mädchen Mut machen und sie stärken

Für Mädchen ist es in der Regel ungewohnt, einmal ihre Stimme zu erheben oder gar richtig laut zu schreien. Sicherlich ist lautes Schreien nicht immer eine Lösung, aber für Mädchen ist es wichtig zu lernen und während der Übungen zu erfahren, dass sie überhaupt dazu in der Lage sind. Ein lauter, greller Schrei kann ungemein befreiend wirken, beispielsweise wenn man eine Mordswut im Bauch hat, nicht weiß, wie man diese los wird oder auch, wenn einen die Angst überfällt. Durch lautes Schreien lösen sich alle Spannungen aus dem Körper und die Angst kann einen nicht mehr blockieren. Zudem kann ein lauter Schrei einen »Gegner« mächtig beeindrucken und ihm klarmachen, dass mit einem nicht zu spaßen ist. Außerdem macht es Mädchen großen Spaß zu erkennen, wie viel Wirkung so ein lauter Schrei oder überhaupt eine laute, bestimmende Äußerung mit sich bringen kann. Dadurch trainieren sie ihre Selbstsicherheit und längerfristig wird ihnen dies viel Mut einbringen, der ihnen jetzt in einigen Situationen vielleicht noch fehlt!

Mit ganz viel Mut, geht's mir gut

Alter: ab 6 Jahren
Teilnehmerzahl: 1 oder mehrere
Material: Tesakrepp, etliche Bögen Zeitungspapier, eine weiche Matratze oder Weichmatte

Eine Tür wird ausgehängt oder ganz weit geöffnet, so dass man zwischen den Türrahmen die Matratze oder Weichmatte schieben kann. Der Türrahmen wird mit Hilfe von Zeitungspapier und Tesakreppband so zugeklebt, dass man von außen nicht sehen kann, was hinter dem Papier auf einen wartet. Das erste Kind darf sich nun Mut zusprechen, wenn es möchte auch mit unterstützenden Zurufen der anderen Mädchen. Wenn es bereit ist, rennt es so schnell es kann auf die mit Zeitung zugeklebte Tür zu. Doch es wird nicht gestoppt, sondern geradezu durch das Papier hindurchgelaufen! Die anderen dürfen laut applaudieren, wenn dies geschafft wurde.

• **Anmerkung:**
Dadurch, dass die Matte unmittelbar hinter der verklebten Tür liegt, können sich die Kinder nicht wehtun. Es ist ein ganz tolles Gefühl, sich so etwas getraut zu haben, weil man ja schließlich erst einmal nicht weiß, was einen hinter der Zeitung erwartet.
Die Gruppenleiterin sollte sich vorher überlegen, ob andere Kinder dabei zusehen sollen oder nicht. Denn ein Großteil der Spannung ist natürlich weg, wenn die anderen Kinder sehen, was sich hinter der verdeckten Türe befindet. Dennoch bleibt es eine Herausforderung, so schnell es geht auf die Türe zuzulaufen, ohne dabei abzustoppen, obwohl sich ein Hindernis auf dem Weg befindet!

Weg mit euch!

Alter: ab 6 Jahren
Teilnehmerzahl: mindestens 8
Material: –

Ein Kind darf als erstes in die Mitte, die anderen Kinder stellen sich im großen Kreis herum. Alle Kinder im äußeren Kreis spielen nun Gespenster und kommen langsam aber sicher auf das in der Mitte stehende Kind zugeschlichen, gekrochen, gehüpft o.ä. Wenn das Kind in der Mitte meint, dass die vielen frechen Gespenster ihm zu nahe kommen, ruft es laut: »Weg mit euch!« War dieser Befehl an die frechen Gespenster laut, deutlich und überzeugend hervorgebracht, müssen all die kleinen Gespenster wieder an ihren ursprünglichen Platz zurück.

• **Anmerkung:**
Je nach Gruppengröße kann man diesen Spielvorgang ruhig pro Spielerin zwei bis dreimal wiederholen lassen. Ist die Gruppe jedoch zu groß und sind die Kinder zu ungeduldig, empfiehlt es sich, die SpielerInnen in zwei kleinere Gruppen aufzuteilen und das Spiel parallel zu spielen. Dies kann ohne weiteres in ein und demselben Raum stattfinden!
Es sollte gut darauf geachtet werden, dass die in der Mitte stehenden Kinder ihren Befehl ganz gezielt und selbstbewusst äußern. Denn so lernen sie, dass ein leises Nein oder eine unsicher vorgetragene Bitte unter Umständen nicht beachtet wird. Ein lautes, bestimmendes »Weg mit euch!« dagegen kann für die anderen schon recht eindrucksvoll sein!

Jetzt reicht's!

Alter: ab 6 Jahren
Teilnehmerzahl: mindestens 8
Material: –

Alle SpielerInnen, bis auf eine, laufen lauthals erzählend, fluchend, schreiend oder schimpfend im Raum umher. Die andere Spielerin läuft auch herum und hört sich dieses Durcheinander eine Weile an, bis sie der Meinung ist, dass es reicht und ihr diese Lautstärke zuviel wird. In diesem Moment schreit sie so laut und deutlich »Jetzt reicht's!«, dass alle anderen SpielerInnen übertönt werden und dieses Stoppsignal mitbekommen. Die Spielerin, die diese Ermahnung als Letztes mitbekommt, ist als Nächste an der Reihe und muss, wenn es ihr reicht, den Befehl geben, dass alle ruhig sind!

• **Anmerkung:**
Achten Sie darauf, dass alle Kinder mindestens einmal an der Reihe waren, »Jetzt reicht's!« zu rufen, damit nicht nur diejenigen an der Reihe gewesen sind, die mit dem lauten Rufen und Schreien in der Regel keine großen Probleme haben. Besonders für Mädchen, die dies nicht gut können, sind solche Übungen wichtig, sie lernen sich durchzusetzen, selbstbewusst und überzeugend zu wirken!

Ich spüre, dass du näher kommst ...

Alter: ab 6 Jahren
Teilnehmerzahl: mindestens 6
Material: –

Alle Kinder stellen sich in einem Kreis auf und schließen ihre Augen. Die Gruppenleiterin stellt sich in die Mitte und geht langsam auf eine der SpielerInnen zu. Sobald diese das bemerkt und ihr das unangenehm ist, ruft sie laut und bestimmend Stopp! Ist dies der Gruppenleiterin nicht überzeugend und laut genug, geht sie weiter auf die Spielerin zu, bis der Befehl wirklich eindeutig erkennbar und in seiner Wirkung überzeugend ist.
Die Gruppenleitung geht mal schnell, mal langsam auf die eine oder andere Spielerin zu und wechselt die Reihenfolge beliebig, damit die SpielerInnen wirklich lernen, auf ihr Gefühl zu hören und schließlich zu reagieren.

- **Anmerkung:**

Falls eine der teilnehmenden SpielerInnen einmal nicht merkt, dass jemand auf sie zukommt, ist dies nicht tragisch. Schließlich ist dies nur eine Übung, die obendrein auch noch Spaß machen soll.

Für manche SpielerInnen ist es einfacher, wenn ihnen die Augen mit einem Tuch verbunden werden. Dann muss man sich weniger darauf konzentrieren, die Augen ständig geschlossen zu halten!

Keinen Schritt näher!

Alter: ab 8 Jahren
Teilnehmerzahl: mindestens 2
Material: –

Jeweils zwei Mädchen spielen zusammen. Sie stellen sich gegenüber auf, so dass mindestens drei Meter Abstand dazwischen sind. Eine der beiden SpielerInnen darf die Befehle erteilen, die andere muss versuchen, diese zu registrieren und dann auch zu befolgen.

Als Erstes kommt die Spielerin, die Befehle erhält, langsam auf ihre Mitspielerin zu. Diese lässt ihr Gegenüber solange auf sich zukommen, bis sie nicht mehr weiter an sie herankommen darf; dabei versucht sie, dies nur mit ihren Augen auszusagen. Die Augen sollen der Mitspielerin ganz genau mitteilen, wie weit sie herankommen darf und ab wo sie stehen bleiben muss.

Im zweiten Durchgang soll dieser Befehl durch die gesamte Körperhaltung deutlich gemacht werden. Bis wohin lasse ich meine Mitspielerin kommen und ab wann hat sie dies registriert und danach gehandelt?

Schließlich soll der Befehl, nicht weiter heranzukommen, mit Hilfe der Stimme deutlich gemacht werden. Dies kann dadurch geschehen, dass die Spielerin lauthals ruft: »Keinen Schritt weiter!« In mehreren Durchgängen kann experimentiert werden, ob es überhaupt nötig ist, laut zu schreien. Kann man auch mit leiser Stimme seinem Gegenüber den Befehl, nicht näher zu kommen, glaubhaft vermitteln? Was hat auf meine Mitspielerin am deutlichsten und beeindruckendsten gewirkt?

• **Anmerkung:**
Die SpielerInnen sollen natürlich, nachdem sie alles ausprobiert haben, auch einmal die Rollen wechseln. So kann auch die andere Spielerin austesten, einmal nur mit Blicken etwas auszudrücken, dann nur durch ihre Körperhaltung und schließlich nur mit der Stimme.

Wichtig ist dabei der Austausch untereinander. Zunächst sollten sich die Partnerinnen mitteilen, welche Eindrücke und Erfahrungen sie während dieser Spielaktion gesammelt haben. So kann jede der anderen berichten, was auf sie am besten gewirkt hat, was nicht so überzeugend war und was sie sonst noch dazu sagen möchte. Es ist sehr interessant auszutesten, was man beispielsweise mit den Augen ausdrücken und befehlen kann. Wie ist es für die SpielerInnen, wenn sie Augen, Stimme und den Körper einsetzen, um dem Gegenüber den Befehl mitzuteilen? Lassen Sie hierbei der Phantasie freien Lauf und geben Sie den SpielerInnen genug Zeit, alles auszuprobieren.

Es werden sicherlich viele neue Erfahrungen gesammelt werden können!

Trau dich

1. Trau dich! Trau dich! Auch wenn es da - ne - ben - geht.
Trau dich! Trau dich! Es ist nie zu spät.
Wer's nicht sel - ber aus - pro - biert, der wird leich - ter an - ge - schmiert.
Trau dich! Trau dich! Dann hast du was ka - piert.

2. Trau dich! Trau dich!
Auch wenn du erst fünfe bist!
Trau dich! Trau dich!
Auch Große machen Mist.
Glaub nicht alles, was du hörst,
wenn du sie mit Fragen störst.
Trau dich! Trau dich!
Bis du was erfährst.

3. Trau dich! Trau dich!
Andern geht's genauso schlecht.
Trau dich! Trau dich!
Kämpft um euer Recht!
Tretet füreinander ein,
dann könnt ihr bald viele sein.
Trau dich! Trau dich!
Du bist nicht allein.

Lasst mich in Ruhe!

Alter: ab 8 Jahren
Teilnehmerzahl: mindestens 10
Material: –

Alle teilnehmenden Kinder stellen sich in zwei Reihen auf, so dass sie jeweils einem anderen Kind gegenüberstehen und in der Mitte eine kleine Gasse von etwa eineinhalb Meter entsteht. Eines der Kinder darf sich vor diese Gasse stellen und sich einmal vorstellen, dass es über einen Platz in der Stadt schlendert und vor sich eine Gruppe Jugendlicher sieht, die miteinander tuscheln und scharf darauf sind, andere anzupöbeln. Nun muss dieses Kind aber an dieser Gruppe vorbei. Durch eine kleine Regel wird dies längst nicht so schlimm, wie es zunächst vermutet, denn die Spielerin stellt sich aufrecht hin und atmet einige Male tief ein und aus, um sich Mut zu machen. Sie weiß, es führt kein Weg daran vorbei, sie muss es schaffen. Sie guckt sich einen in der Gruppe aus, der ihr auf der rechten Seite am nächsten steht. Dem schaut sie ganz tief und ohne mit der Wimper zu zucken, in die Augen. Ist

sie an ihm vorbei, sucht sie sich schnell einen auf der gegenüberliegenden Seite aus, der ihr jetzt am nächsten steht und schaut diesem fest in die Augen. Ist die Spielerin auch an ihm vorbei, schaut sie sich schnell wieder einen auf der rechten Seite aus und sieht diesem ganz tief und fest in die Augen. Das geht so lange, bis sie die ganze Gasse durchquert hat.

Anmerkung:
Man kann diese Übung erschweren, indem die SpielerInnen, die die Gasse bilden, die andere Spielerin beschimpfen oder mit Sprüchen wie »He Süße, heute schon was vor?«, »Uih, sieht die heiß aus ...«, »Na Mäuschen, wie wär's ...?« anmachen. Das Erstaunliche daran ist nämlich, dass derjenige, dem die Spielerin gerade fest in die Augen sieht, seinen Mund nicht aufkriegt und wie angewurzelt am Boden steht. Es ist in der Tat ein seltsames Gefühl, und deshalb sollte jeder einmal auch den anderen Part übernommen haben. Wenn einem die Spielerin nämlich so fest in die Augen sieht, kommt man sich richtig ertappt und schäbig vor in seiner Rolle als »anmachender Wüstling«!

Mädchen, laßt euch nichts erzählen

kräftig, nicht zu schnell

1. Mäd - chen, laßt euch nichts er - zäh - len! Wehrt euch, traut euch, bis es glückt!
Mäd - chen, laßt euch nichts ver - bie - ten, was ein Jun - ge ma-chen darf!

Laßt euch län - ger nicht be - feh - len, was sich für ein Mäd - chen schickt!
Sagt, wo - vor soll'n wir uns hü - ten?

Grad auf so - was sind wir scharf! Wenn's uns Spaß macht, kön-nen wir Ra-

ke - ten baun, klet-tern ü - ber je - den Zaun,

ren - nen, rin - gen, rau - fen, rot - zen, Fuß - ball spie - len, mot - zen, klot - zen,

Spiel - und Ban - den - füh - rer sein. So wird's sein! Wer

sehr breit

hat sich das wohl aus- ge - dacht, was man als bra - ves Mäd - chen macht?

Hä - keln, stik - ken, bak - ken, put - zen, nur das Kleid-chen nicht be - schmut-zen,

Haa - re käm-men, Püpp-chen wie-gen, weil wir sonst kein Männ-lein krie - gen — ?

d.c. al fine

Ich lass mich fallen, fangt mich auf!

Alter: ab 8 Jahren
Teilnehmerzahl: mindestens 7
Material: –

Die älteste Spielerin beginnt und darf sich in die Mitte stellen. Die anderen MitspielerInnen stellen sich in einen engen Kreis um die in der Mitte stehende Spielerin herum. Die Spielerin in der Mitte lässt sich nun zur Seite fallen. Die MitspielerInnen fangen diese auf und lassen sie sachte im Kreis herumkullern, ohne dass sie zu Boden fällt. Nach einer Weile werden die Rollen getauscht und die nächste Spielerin darf in die Mitte!

• **Anmerkung:**
Noch intensiver ist es, wenn das Kind in der Mitte während des Spiels seine Augen schließt und sich wirklich blind auf die anderen verlässt. Allerdings sollten sich die Kinder untereinander dann gut kennen, damit schon eine Vertrauensbasis vorhanden ist, sonst würde man die Kinder überfordern.

Wenn mehr als sieben Kinder an dieser Spielaktion teilnehmen, ist es besser, die Gruppen in mehrere kleine aufzuteilen. Der Kreis um die in der Mitte stehende Spielerin wird sonst zu groß, außerdem kann diese dann nicht mehr richtig aufgefangen werden, weil sie zu weit zur Seite kippen kann!

Ich lieg in meiner Wolke und träum so vor mich hin ...

Alter: ab 8 Jahren
Teilnehmerzahl: mindestens 8
Material: ein reißfestes Bettlaken oder ein großes, reißfestes Stück Stoff, evtl. meditative Musik und ein Kassettenrekorder

Das jüngste Kind darf beginnen und sich auf das am Boden ausgebreitete Bettlaken legen. Die anderen Kinder fassen das Tuch an den Seiten an und heben es langsam hoch. Dann beginnen sie, das Tuch sachte hin und her zu schwingen. Nach einer Weile wird gewechselt und die nächste Spielerin darf in das Wolkenbett!

• **Anmerkung:**
Die Kinder müssen in der Lage sein, das Tuch samt Spielerin gut festzuhalten und zu schaukeln. Außerdem sollten sie sich an Regeln halten können.

Die Kinder, die schaukeln, dürfen dabei die Augen schließen und sich wirklich vorstellen, in einer wunderschönen Wolke zu liegen und in den blauen Himmel hineinzuschauen. Wenn die Kinder einverstanden sind, kann man im Hintergrund dazu leise meditative Musik laufen lassen, die zum Träumen animiert. Achten Sie darauf, dass alle Kinder einmal die Gelegenheit haben, in dem Tuch geschaukelt zu werden. Diese Übung vermittelt ein Gefühl von Geborgenheit und gibt Sicherheit. Durch die gleichmäßige und ruhige Schaukelbewegung kann man sich herrlich entspannen und abschalten.

Abenteuerparcours

Alter: ab 8 Jahren
Teilnehmerzahl: 1 oder mehrere
Material: weiche und feste Matten, Teppichreste mit unterschiedlicher Struktur, Luftmatratze, Krabbelröhre, Luftballons, Kieselsteine, Seile, Turnkästen und Bänke, pro Kind eine Augenbinde oder ein dunkles Tuch u.v.m

In einem großen, freien Raum (am besten eignet sich hierfür eine Turnhalle oder ein geräumiger Gymnastikraum) wird ein richtiger Abenteuerparcours aufgebaut. Dazu kann man den Boden mit unterschiedlichen Materialien auslegen und Bänke aufstellen, auf denen man balancieren oder darunter durchkrabbeln muss.

Alle Kinder bekommen schließlich mit den Augenbinden die Augen verdeckt, so dass sie nichts mehr sehen können. Das erste Kind darf beginnen und durch den Abenteuerparcours krabbeln, kriechen oder laufen, wie es ihm am liebsten ist. Nach einiger Zeit Abstand kann sich der nächste auf den Weg machen, den abenteuerlichen Parcours zu beschreiten, bis schließlich alle Kinder an der Reihe waren.

- **Anmerkung:**

Man sollte vorher mit den Kindern ein Gespräch über den Parcours führen. Wenn es den Kindern lieber ist, können anfangs immer zwei Kinder zusammenspielen. Das eine Kind führt seine Spielpartnerin mit den verbundenen Augen durch den Abenteuerparcours hindurch oder gibt ihr Anweisungen und ruft ihr zu, ob sie einen Schritt nach rechts, links, vorne oder hinten machen soll.

Man kann auch durch die ausgewählte Strecke, die durch den abenteuerlichen Parcours führt, eine dicke Kordel spannen, an der sich die Kinder mit geschlossenen Augen entlangtasten können. Probieren Sie aus, was den SpielerInnen am liebsten ist. Vielleicht haben diese auch Lust, mehrere verschiedene Durchgänge auszuprobieren? Hinterher können sie sich mitteilen, was für sie am einfachsten war und was sie am meisten Mut gekostet hat.

Rollenspiele rund um Gefühle

Die Spielaktionen im folgenden Kapitel sollen Kindern zeigen, wie viele verschiedene Gefühle es überhaupt gibt. Außerdem können sie die Erfahrung machen, dass ein anderer in ein und derselben Situation völlig anders empfinden kann als man selbst. Auch, dass sich nicht alle Kinder in einer speziellen Situation nach den gleichen Dingen sehnen. Beispielsweise möchte das eine Kind am liebsten sein Kuscheltier bei sich haben, wenn es traurig ist, ein anderes würde viel lieber auf den Schoß genommen und liebevoll getröstet werden. Und vielleicht gibt es auch Kinder, die in einer solchen Situation am liebsten alleine sind, sich ihr Lieblingsbuch ansehen oder hemmungslos weinen.

Darüber hinaus lernen die Kinder, dass es nicht nur schöne Gefühle im Leben gibt, sondern dass auch die negativen Gefühle dazugehören und beachtet werden wollen. Deshalb ist es für diese Spielaktionen stets von großer Wichtigkeit, den Kindern anschließend die Möglichkeit zu geben, zu sprechen und anderen ihre persönlichen Gefühle mitzuteilen!

Ich wünsche allen viel Spaß bei den Spielen durch den Dschungel der Gefühle!

Mimikwürfel

Alter: ab 6 Jahren
Teilnehmerzahl: mindestens 2
Material: unbeschriftete Holzwürfel, ein schwarzer Lackstift oder fertige Mimikwürfel, die beispielsweise bei der Firma Wehrfritz (Postfach 1107, 96473 Rodach) bestellt werden können

Auf den Holzwürfel malt man mit Hilfe des Lackstiftes auf jede der sechs Seiten ein anderes Gesicht: ein fröhliches, ein wütendes, ein lachendes, ein weinendes o.ä.
Die Kinder setzen sich in einen Kreis auf den Boden. Einer beginnt und darf zuerst würfeln. Nun darf er zu dem Ge-sicht, das der Würfel anzeigt, erzählen, wann er sich so fühlt, was er in einer solchen Situation am liebsten machen würde, was ihn in eine solche Situation bringt, ob er sich in dieser Situation und mit diesem Gefühl gut fühlt etc. Dann ist das nächste Kind an der Reihe und darf würfeln.

• **Anmerkung:**
Man kann die Spielideen mit einem solchen Mimikwürfel beliebig ab- und umändern. Beispielsweise könnte ein Kind verdeckt würfeln und das Gefühl, das das oben liegende Gesicht anzeigt, den andern MitspielerInnen pantomimisch darstellen, so dass diese das Gefühl erraten müssen. Wer es als Erster errät, darf wieder verdeckt würfeln.

Gefühlsmemory

Alter: ab 4 Jahren
Teilnehmerzahl: mindestens 2
Material: blanko Memorykarten, Filz-
oder Buntstifte

Jedes Kind erhält ein Paar Memorykarten. Auf diese darf es jeweils dasselbe
Bild von einem Gefühl oder einer bestimmten Situation malen. Beispielsweise: Ein lachendes Gesicht, ein Kind,
das weint, eine leckere Eistüte, etwas,
das gute Laune macht, Regen, ein toll
verpacktes Geschenk, ein Bild von einem Strandurlaub – der Phantasie sind
keine Grenzen gesetzt. Alles, was mit
guten und schlechten Gefühlen zu tun
hat, unterschiedliche Gesichter o.ä.
kann die Memorykarten schmücken.
Sind schließlich genug Karten bemalt,
werden alle verdeckt hingelegt und gut
durchgemischt. Dann kann's losgehen:
Jeder darf pro Zug zwei verschiedene
Karten aufdecken. Ist es ein Pärchen,
darf er es behalten und ist gleich noch
einmal dran, bis schließlich alle Karten
vergeben sind.

• **Anmerkung:**
Wichtig ist, dass die Kinder ein und
dasselbe Bild noch auf ein zweites Me-
morykärtchen malen. Denn schließlich
muss es von jedem Bild ein zweites ge-

ben, sonst kann man während des
Spiels keine Pärchen sammeln.
Kinder finden es übrigens höchst interessant, ein Spiel selbst nach eigenen
Wünschen und Bedürfnissen zu gestalten. Zudem werden durch die verschiedenen gemalten Dinge sicherlich etliche Gespräche zustande kommen, die
mit Gefühlen zu tun haben. Die Kinder
lernen dabei, sich anderen gezielt mitzuteilen, sich zu öffnen und ehrlich über
ihre eigenen Gefühle zu sprechen. Das
macht Mut!

Gefühle sind wie Farben

Alter: ab 6 Jahren
Teilnehmerzahl: 1 oder mehrere
Material: weißes, festes Papier, Wasser und Behälter, breite Pinsel, pro Kind eine Glasscheibe und ggf. einen Kittel

Alle Kinder setzen sich an einen Tisch und haben vor sich jeweils ein Blatt Papier liegen, einen Pinsel, einen Behälter mit Wasser, die Glasplatte und verschiedene Wasserfarben. Nun bitten Sie die Kinder, für einen Moment die Augen zu schließen. Beginnen Sie dann mit einer Übungsanweisung, die in etwa so aussehen könnte:

Schließe nun deine Augen und versuche dir einmal ein Gefühl vorzustellen ... Ein ganz bestimmtes Gefühl ... Versuche dich für ein einziges zu entscheiden ... Es kann ein Gefühl sein, das du sehr gerne magst oder eines, das du überhaupt nicht leiden kannst ... Wenn du dich nun für ein bestimmtes Gefühl entschieden hast, schau dir dieses Gefühl ganz genau an ... Welche Farbe würdest du ihm geben? ... Welche Farbe passt zu diesem Gefühl, das du dir ausgesucht hast? ... Denk ruhig einen Moment lang nach und versuche dir dabei die passende Farbe vorzustellen ...

So, nun öffne langsam deine Augen und komm mit deiner Aufmerksamkeit zurück in diesen Raum ... Vor dir steht alles, was du nun brauchst ... Mit Hilfe des Pinsels und viel Wasser kannst du die Farben, die du zu deinem Gefühl gesehen hast, auf die Glasscheiben malen ... Anschließend, wenn du genug von den passenden Farben aufgetragen hast, legst du das Papier auf die bemalte Glasscheibe und drückst es fest ...
Ich komme dann herum und werde dir beim Abziehen helfen und dein Gefühl, zu dem du gemalt hast, mit einem Stift darunter schreiben ...
Du kannst nun mit dem Malen beginnen ...

• **Anmerkung:**
Lassen Sie ausreichend Pausen, während die Kinder ihre Augen geschlossen haben und Sie die Übungsanweisungen geben. Dann haben die Kinder genug Zeit, sich alles, was Sie sagen, ganz genau in Gedanken vorzustellen und bildlich umzusetzen!
Sagen Sie den Kindern auch, dass es lediglich um Farben geht, nicht um irgendwelche Formen. Denn diese würden durch den Abdruck auf das Papier verwischen und die Kinder möglicherweise enttäuschen, wenn ihnen die Formen wichtig waren!

Lachen – Weinen

Alter: ab 5 Jahren
Teilnehmerzahl: mindestens 2
Material: fester Tonkarton, Lineal, Schere, Stifte, Kleber, Zeitschriften und Kataloge

Aus dem Tonkarton werden gleich große Quadrate geschnitten. Auf diese Quadrate werden verschiedene Dinge gemalt, die gegensätzlich sind. Beispielsweise: Lachen / Weinen, Fröhlich / Traurig, Gute Laune / Schlechte Laune, Wut / Freude etc. Wer mag, kann Dinge, die mit Gefühlen zu tun haben, auch aus alten Zeitschriften oder Katalogen ausschneiden und dann aufkleben. Alle Karten werden, wenn sie fertig sind, umgedreht und gemischt. Die erste Spielerin zieht eine Karte und legt diese offen hin. Sie kann dazu ein paar Worte sagen, vielleicht worum es auf dem Bild geht, was es darstellt etc. Dann ist die nächste Spielerin an der Reihe und deckt auch eine Karte auf und sagt etwas dazu.
Wird eine Karte aufgedeckt, die einen Gegensatz zu einer offen liegenden Karte darstellt, wird diese daran angelegt. Gut ist es auch, wenn die Kinder kurz sagen, wie die Gegensätze lauten.

- **Anmerkung:**
Je nach Alter der Kinder sollte man die Kärtchen und Bilder verschieden groß machen. Für Kinder im Kindergartenalter ist es wichtig, dass sie groß und übersichtlich sind und sofort deutlich wird, welche Karten einen Gegensatz bilden. Mit älteren Kindern dagegen kann man wunderbar diskutieren, wenn zwei Karten keinen ganz eindeutigen Gegensatz darstellen. Für Schulkinder müssen die Karten auch nicht ganz so groß sein.
Für größere Kinder ist es interessanter, die Karten und die jeweiligen Gegensätze selber herzustellen. So könnte sich beispielsweise jedes Kind einen eigenen Gegensatz überlegen und diesen dann auf die beiden Karten malen.
Je mehr die Kinder an der Vorbereitung der Spiele teilhaben können, desto interessanter sind diese meist. Und solche selbstgebastelten Spiele werden auch öfter wieder gespielt als gekaufte, zu denen die Kinder keinen direkten Bezug haben!

Gefühlsdomino

Alter: ab 4 Jahren
(wenn die Dominosteine von der Gruppenleitung oder älteren Kindern vorbereitet werden)
Teilnehmerzahl: mindestens 2
Material: fester, weißer Tonkarton, Stifte, Scheren, Lineal, ggf. Zeitungen und Klebstoff

Aus dem Tonkarton werden gleich große, längliche Rechtecke ausgeschnitten. Diese teilt man durch einen dicken Strich in der Mitte und kennzeichnet so die beiden anderen Kästchen. In die noch freien Kästchen können wie bei dem Gefühlsmemory die unterschiedlichsten Gesichter, Gefühle oder Situationen gemalt oder aus Zeitungen ausgeschnitten und geklebt werden. Sind ausreichend viele Dominosteine fertig gestellt (pro Spielerin sollten mindestens zehn Steine vorhanden sein), werden diese verdeckt hingelegt und gut durchgemischt. Die Dominosteine werden nun gleichmäßig an die teilnehmenden SpielerInnen verteilt. Die SpielerInnen legen die Steine in eine Reihe verdeckt vor sich hin. Die erste Spielerin deckt nun einen Stein auf und legt ihn in die Mitte. Die zweite Spielerin deckt ebenfalls einen Stein auf und schaut, ob sie diesen irgendwo anlegen kann. Ist dies der Fall muss die Spielerin etwas über das Gefühl oder Gesicht aussagen, dass sie anlegen kann. Kann beispielsweise ein trauriges Gesicht angelegt werden, könnte Nina sagen: »Wenn ich mein Kuscheltier verlieren würde, wäre ich sehr traurig.« Außerdem darf sie dann versuchen, noch einen anderen Stein anzulegen. Passt der nächste Stein nirgendwo dran, ist die nächste Spielerin am Zug.

- **Anmerkung:**
Achten Sie beim Basteln der vielen Dominosteine darauf, dass nicht zu viele verschiedene Gesichter und Gefühle dargestellt werden. Malen Sie lieber gleiche Gesichter auf verschiedene Dominosteine, denn dadurch wächst die Möglichkeit, diese anlegen zu können!
Wenn kaum einer der aufgedeckten Dominosteine passt und nirgendwo angelegt werden kann, wird das Spiel selbst für ältere Kinder schnell langweilig!

Kannst du mein Gefühl hören?

Alter: ab 6 Jahren
Teilnehmerzahl: 1 oder mehrere
Material: Instrumente wie Triangeln, Zimbel, Klangstäbe, Handtrommel, Glockenspiel u.v.m.

Alle Kinder sitzen im Kreis auf dem Boden. In der Mitte liegen zahlreiche Instrumente. Nun dürfen die SpielerInnen nacheinander ausprobieren, welches Instrument und somit welches Geräusch und welcher Klang am besten zu ihrer momentanen Stimmung passt.

• **Anmerkung:**
Man kann das Spiel auch abändern, indem ein Kind das Nächste bittet, ein Instrument zu einem ausgesuchten Gefühl zu suchen. Beispielsweise möchte Lisa, dass Alina ihr ein Instrument für das Gefühl *Wut* heraussucht und dieses mit Hilfe des Instruments darstellt.
Oder die Kinder erzeugen mit den in der Mitte liegenden Instrumente verschiedene Klänge und die MitspielerInnen müssen erraten, zu welchem Gefühl dieser Klang passt oder welches Gefühl mit diesem Klang dargestellt wurde.

Wie geht es mir?

Alter: ab 8 Jahren
Teilnehmerzahl: mindestens 2
Material: –

Alle SpielerInnen setzen sich in einen
Kreis. Diejenige, die heute die beste
Laune hat, darf anfangen. Sie soll ein
Gefühl, das sie gerade hat, pantomi-
misch so darstellen, dass die Mitspieler-
Innen dies erraten können. Wer das dar-
gestellte Gefühl errät, ist als Nächstes
an der Reihe und darf ein beliebiges
Gefühl darstellen.

• **Anmerkung:**
Kindern, denen spontan kein Gefühl
oder keine Stimmung einfällt, die sie
darstellen können, könnte man kleine,
vorbereitete Kärtchen (vielleicht aus
dem selbstgemalten Memoryspiel!)
zustecken, auf denen ein bestimmtes
Gefühl geschrieben steht oder gemalt
wurde. Denn müssen die anderen SpielerInnen zu lange warten, bis demjeni-
gen etwas eingefallen ist, kommt
schnell Langeweile auf!

Der Mutmachvogel

serbokroatische Volksweise

Ein klei – nes Mäd – chen liegt noch wach,.

hat gros – se Angst, fühlt sich so schwach.

1. Ein kleines Mädchen
   liegt noch wach,
   hat große Angst,
   fühlt sich so schwach.

2. Draußen, da schleicht
   doch wer ums Haus,
   pfeifend und heulend,
   tobt sich aus.

3. Rüttelt am Fenster,
   zischt und knarrt,
   knistert und klappert,
   klopft und scharrt.

4. »Sind es Gespenster
   oder wer
   kann das nur sein?
   Vielleicht ein Bär?«

5. So denkt das Mädchen
   immerzu,
   findet heut' abend
   keine Ruh'.

6. Plötzlich, ein Vogel,
   bunt und klein,
   kommt durch den
   Fensterspalt herein.

7. Der kleine Vogel
   sagt dem Kind,
   was das für
   Spukgeräusche sind.

8. »Die hat allein
   der Wind gemacht«,
   so spricht der Vogel,
   und er lacht.

Was machst du, wenn ...?

Alter: ab 6 Jahren
Teilnehmerzahl: mindestens 4
Material: –

Die Kinder sitzen in einem Stuhlkreis oder auf dem Boden. Dann wird ihnen eine Situation vorgestellt, die den Kindern in der Regel bekannt ist, wenn auch nicht ganz genauso.

Beispielsweise: Stellt euch einmal vor, eure Oma kommt zu Besuch und besteht auf einem Begrüßungskuss. Ihr habt aber absolut keine Lust, die Oma mit einem Kuss zu begrüßen.
Überlegt euch mal in Ruhe, was ihr jetzt macht und wie die Situation weiter verlaufen kann, wie sie eurer Ansicht nach am liebsten verlaufen sollte und wie ihr euch dabei fühlt!

Mögliche andere Situationen, die den Kindern sicherlich vertraut sind, können beispielsweise sein:

* Euch ist etwas kaputtgegangen, von dem ihr wisst, dass eure Eltern sehr daran hängen. Vielleicht eine tolle Vase oder eine Porzellanfigur. Plötzlich werdet ihr von euren Eltern gefragt, ob ihr dieses Teil irgendwo gesehen habt, weil sie es im Moment nicht finden können. *Sagt ihr die Wahrheit oder handelt ihr anders?*

* In der Schule habt ihr eine Arbeit zurückbekommen, für die ihr eine schlechte Note bekommen habt. Als ihr am Mittag nach Hause kommt und noch nicht ganz bei der Tür herein seid, werdet ihr mit der Frage begrüßt: Na, habt ihr die Arbeit schon wiederbekommen?
Wie fühlt ihr euch und was werdet ihr tun?

* Auf dem Schulweg findet ihr auf dem Bürgersteig ein Portemonnaie, in dem viel Geld steckt und der Personalausweis des Inhabers. Das Geld könntet ihr schon ziemlich gut gebrauchen. *Was würdet ihr mit dem Portemonnaie machen?*

* Morgens in der ersten Stunde kontrolliert der Lehrer eure Hausaufgaben. Plötzlich fällt euch ein, dass ihr diese gestern völlig vergessen und nicht gemacht habt.

Denkt ihr euch eine pfiffige Ausrede aus, sagt ihr dem Lehrer die Wahrheit oder schreibt ihr schnell von eurem Tischnachbarn ab?

* Kein Tag wie alle anderen. Heute geht einfach alles schief, was nur schiefgehen kann. Morgens verpasst ihr den Bus, kommt zu spät zur Schule, habt eure Hausaufgaben vergessen, schreibt unerwarteter Weise einen Test in Mathe, bekommt eine Arbeit zurück mit einer nicht gerade guten Note und auf dem Nachhauseweg regnet es in Strömen, so dass ihr schließlich klitschnass zu Hause ankommt.

* Am Montag hat euch eure Mutter das gesamte Kakaogeld für die kommende Woche gegeben. In der Pause aber knurrt euer Magen und Freunde haben sich gerade beim Hausmeister Schokoriegel und Kekse gekauft.
Nehmt ihr das Kakaogeld und holt euch dafür auch etwas Süßes oder verwahrt ihr das Geld wie beabsichtigt für den Kakao?

Wie fühlt ihr euch in einer solchen Situation und wie würdet ihr damit umgehen? Was können andere tun, damit ihr euch wieder besser fühlt und gute Laune bekommt?

* Weihnachten (oder der Geburtstag) steht vor der Tür. Ihr habt euch unbedingt und dringend ein Haustier (Hund, Katze, Hase, Hamster o.ä.) gewünscht, aber eure Eltern sind strikt dagegen. *Tretet ihr in den Streik und nehmt euch vor, der Familie das anstehende Fest zu verderben? Kauft ihr euch das gewünschte Tier aus lauter Trotz vom ersparten Taschengeld oder handelt ihr noch anders?*

* Heute habt ihr in der Schule ganz toll mit eurer besten Freundin gespielt. Ihr beiden habt euch vorgenommen, gemeinsam etwas besonders Tolles zu unternehmen. Als ihr am Mittag eure Mutter fragt, macht diese euch einen Strich durch die Rechnung. Denn heute hat eure Großtante, die ihr eigentlich gar nicht gerne mögt, Geburtstag und deshalb ist geplant, dass die ganze Familie am Nachmittag bei der Tante feiert. *Was macht ihr?*

• **Anmerkung:**
Man kann mit den Kindern ein Gespräch über die jeweilige Situation führen, so dass jeder sagt und berichtet, wie er sich in dieser Situation verhalten würde, oder die verschiedenen Situationen werden als Rollenspiel nachgespielt. Während des Spiels sollen sich die Kinder spontan eine Lösungsmöglichkeit ausdenken und diese dann weiterspielen. Hinterher kann mit allen SpielerInnen darüber gesprochen werden. Vielleicht hätte die eine oder andere völlig anders gehandelt.

Wenn die Kinder schon schreiben können, könnte jedes Kind aufschreiben, wie seiner Ansicht nach die Situation verlaufen sollte und wie es selbst in einer solchen Situation handeln würde. Wer möchte, kann dann den anderen vorlesen, was er geschrieben hat.

Manchmal fällt es den Kindern auch leichter, diese Situation auf andere zu übertragen, um dadurch den nötigen Abstand zu gewinnen. Das könnte beispielsweise dadurch geschehen, dass die Kinder eine bestimmte Situation mit Kasperlepuppen nachspielen. Wahrscheinlich haben die SpielerInnen noch viele Ideen, welche Situationen man weiterspielen und besprechen kann. Geben Sie den Kindern diese Chance. Denn wenn sie diese Situationen im Kopf haben, erleichtert man ihnen das Handeln, wenn eine solche Situation nochmals aufkommt. Außerdem lernen die Kinder andere Lösungsmöglichkeiten kennen und können sich geistig damit befassen. Das gibt ihnen für das nächste Mal viel Selbstsicherheit, weil sie wissen, dass es bei jedem Problem mehr als nur eine Lösung gibt!

Phantasiereisen, die Mut machen

Phantasiereisen sind für Kinder ein wunderbares Mittel, um sich gezielt zu entspannen, neue Kräfte für den Alltag zu sammeln, aber auch, um Mut zu schöpfen, Ängste sowie Alltagsprobleme besser bewältigen zu können.

Alle Phantasiereisen dieses Kapitels laden die Kinder in das grenzenlose Land der Phantasie ein. Sie werden in den jeweiligen Geschichten herausgefordert und motiviert, als Held die Situation zu meistern. So erfahren sie Lösungsmöglichkeiten für Probleme, die ihnen im wirklichen Leben sehr hilfreich sein können. Denn Kinder lernen an ihren Vorbildern. Diese Vorbilder stellen sie in den Geschichten selbst dar, da die Kinder selbst der kleine Held sind, der sie durch die Phantasiereisen führt. Zudem können sie ihren Träumen freien Lauf lassen und sich ihre eigene Phantasiereise erträumen. Jede der Geschichten bietet durch ausreichende Pausen mehrfach Gelegenheit dazu.

Alle Phantasiereisen führen die Kinder auch zur Stille und geben ihnen die Möglichkeit, sich zu entspannen, abzuschalten und wohlzufühlen. In einigen Phantasiereisen sind Elemente aus dem Autogenen Training enthalten, etwa die Ruhe, Schwere oder Wärme. Diese unterstützen den Entspannungsprozess im Körper und sorgen für neue Kraft, Energie und Lebensfreude. Wenn Übungen oder Phantasiereisen dieser Art regelmäßig durchgeführt werden, werden Sie sicherlich schnell die positive Wirkung bemerken. Die Kinder sind anschließend wesentlich aufnahmefähiger und konzentrierter als zuvor!

Doch bevor Sie die einzelnen Phantasiereisen kennen lernen werden, die den Mädchen Mut machen sollen und ihnen die Angst nehmen, möchte ich Ihnen an dieser Stelle einige sehr wichtige Hinweise geben, wie man die Phantasiereisen richtig einsetzt, vorträgt und aufarbeitet. Denn nur so werden die Geschichten auch wirklich zum Erfolg führen und die Kinder stärken:

Bereiten Sie sich selber gut vor. Das heißt, wenn Sie abgehetzt aus einem Gespräch kommen, das Sie aufgewühlt hat oder von anderen Terminen, die Sie Stress erleben lassen, kommen Sie selbst erst einmal zur Ruhe. Da Sie eine wichtige Vorbildfunktion für die Kinder haben, sollen natürlich auch Sie viel Ruhe und Zuversicht ausstrahlen.

Zu der guten Vorbereitung von Phantasiereisen gehört auch, dass Sie die jeweilige Geschichte gut kennen und mit dem Inhalt vertraut sind. Wenn Sie es sich zutrauen, ist es wirkungsvoller und effektiver, wenn die Phantasiereisen frei vorgetragen werden. Denn so haben Sie die Möglichkeit, ganz gezielt auf die Kinder ihrer Gruppe einzugehen. Das heißt, wenn Sie merken, die Kinder werden unruhig, kann die Geschichte verkürzt werden, um den Kindern nicht die Lust und Bereitschaft zu solchen Phantasiereisen zu nehmen. Oder, im anderen Fall, können Sie die Phantasiereise nach eigenen Ideen ausschmücken und verlängern, wenn Sie das Gefühl haben, dass die Kinder sich wohl fühlen und gerne noch weiterträumen möchten.

Legen Sie sich alle notwendigen Materialien bereit, die Sie benötigen, auch die für weiterführende Aktionen im Anschluss an eine solche Phantasiereise, da sonst zu viel Unruhe aufkommt und die entspannte Atmosphäre verloren geht.

Geben Sie den Kindern vor einer solchen Phantasiereise immer die Möglichkeit, es sich bequem zu machen. Dazu sind Decken, Kissen und evtl. Matratzen von großem Vorteil. Die Kinder können es sich damit an einem Platz im Raum bequem machen, an dem sie sich richtig wohl fühlen. Wohl fühlen heißt, es darf nichts mehr zwicken, einengen oder kratzen. Zu enge Hosen oder Hemden- bzw. Blusenknöpfe lieber vor der Phantasiereise öffnen, Brillen o.ä. zur Seite legen.

Kindergartenkinder sollten Sie ggf. daran erinnern, vorher noch einmal auf die Toilette zu gehen, damit sie nicht dann gehen müssen, wenn Sie gerade mit dem ersten Satz begonnen haben!

Außerdem sollten Sie im Raum eine angenehme Atmosphäre schaffen. Das erreicht man recht schnell, wenn man den Raum ein wenig abdunkelt und etwas in die Raummitte stellt, beispielsweise eine Duftlampe, die man mit einem ätherischen Öl beträufelt, einen schönen Blumenstrauß, ein paar Kerzen oder eine schöne Schale mit Steinen, Blüten oder Muscheln. Dies hebt zudem hervor, dass eine Phantasiereise etwas Besonderes ist und dabei kein Wort gesprochen wird. Hierbei gilt aber, wie so oft: weniger ist mehr. Man muss keinen teuren Blumenstrauß kaufen, um eine behagliche und entspannte Atmosphäre zu erzeugen. Lassen Sie sich ruhig von den Kindern helfen. Vielleicht haben diese Lust, draußen auf dem Schulhof, der Wiese o.ä. ein paar schöne Steine, Gänseblümchen, einen abgefallenen Zweig oder heruntergefallenes, buntes Herbstlaub zu sammeln und dies mit einigen Teelichtern umrandet in die Raummitte zu legen. Wenn die Kinder bei der Gestaltung mithelfen, haben sie auch einen engeren Bezug dazu.

Alle Phantasiereisen werden stets mit einer kleinen Einführung begonnen. Sie bereitet die Kinder auf diese Geschichte vor, so dass sie sich mental darauf einstellen können, ruhig zu liegen, ganz still zu sein und der Geschichte voll und ganz zu lauschen!

Eine mögliche Einführung könnte folgendermaßen aussehen:

Legt euch bitte ganz bequem hin und spürt einen Moment lang, ob euch nichts mehr stört, einengt oder drückt ... Dann schließt eure Augen und lauscht der Phantasiereise, die ich euch heute mitgebracht habe ... Spürt noch einen Moment lang euren Körper, wie er ganz ruhig und entspannt auf dem Boden liegt ... Ruhig und regelmäßig geht dabei euer Atem in euch ein und aus, ein und aus ...
(Nun kann mit der ausgewählten Phantasiereise begonnen werden!)

Nach jeder Phantasiereise wird die Übung zurückgenommen. Das bedeutet, die Kinder müssen ihren Körper mit all seinen Vorgängen und besonders den Kreislauf wieder aufwecken und in Schwung bringen. Dazu ist es wichtig, tief ein- und auszuatmen, die Hände zu Fäusten zu ballen und sich ausgiebig zu recken und zu strecken. Wenn Sie das Gefühl haben, die Kinder werden dennoch nicht wieder richtig wach, öffnen Sie einen Moment die Fenster und lassen Sie die Kinder frische Luft schnappen oder ein paar Kniebeugen machen. Das regt den Kreislauf an. Wird die Übung nicht durch kräftiges Zurücknehmen beendet, kann es sein, dass die Kinder sich matt und müde fühlen! Also bitte daran denken, soweit es nicht schon in den Geschichten enthalten ist!
Jeder sollte übrigens nach seinem *eigenen* Tempo die Übung beenden. Es gibt sicherlich auch in Ihrer Gruppe Kinder, für die Sie viel Zeit brauchen, um sie aus der Phantasiereise zurück zu holen, andere dagegen sind vielleicht auf Anhieb wieder fit. Bitten Sie diese Kinder aber solange ruhig sitzen zu bleiben und solange nicht zu sprechen, bis auch der letzte der Runde wieder fit ist und sich aufrecht hingesetzt hat!
Die Phantasiereisen werden alle mit ganz *ruhiger Stimme* vorgetragen. Zwischen den einzelnen Sätzen sollten Sie *ausreichend Pausen* lassen. Denn nur so können die Kinder sich das Gesagte in Gedanken bildlich vorstellen, ausmalen und weiterträumen!
Wichtig ist noch, dass Sie den Kindern nach jeder Phantasiereise die Möglichkeit bieten, über die erlebten Eindrücke, Gefühle und Erfahrungen zu sprechen. Jedes Kind erlebt ein und die selbe Geschichte vollkommen anders. Deshalb ist es sehr wichtig, dass die Kinder dies aufarbeiten können. Das kann in Form von Aus-

tauschrunden und Gesprächen geschehen, durch Rollenspiele, in denen die Handlung nachgespielt wird, Bilder, die die Kinder im Anschluss malen oder indem die Kinder die Geschichte mit ihren persönlichen Erlebnissen in eigenen Worten noch einmal aufschreiben!

Wer es für schlichtweg unmöglich hält, dass man mit bloßer Vorstellungskraft oder kleinen Phantasiereisen etwas im Körper hervorrufen kann, sollte sich die folgende kleine Übung einmal vornehmen, sie sich gut durchlesen, seine Augen schließen und sich den Text in Gedanken einmal besonders gut vorstellen. Denn durch dieses kleine Experiment dürften wohl auch die stärksten Zweifel aus dem Weg geräumt sein!

Schließen Sie nun einmal Ihre Augen und stellen Sie sich vor, dass Sie eine Zitrone in den Händen halten ... Eine knallgelbe, knackig frische Zitrone ... Sie spüren die Form dieser gelben Zitrone in Ihren Händen und können mit Ihren Fingern die Struktur der Schale fühlen ... Nun nehmen Sie ein Messer und schneiden damit die saftige, leuchtend gelbe Zitrone in der Mitte durch ... Der Saft der Zitrone läuft an Ihren Fingern entlang ... Sie riechen den frischen Duft der Zitrone und bewundern das saftige gelbe Fruchtfleisch, das einfach toll aussieht und wirklich äußerst erfrischend riecht ... Nun nehmen Sie die Zitronenhälfte hoch und lecken mit Ihrer Zunge den Zitronensaft von der Frucht ... Richtig gut können Sie den Zitronensaft auf ihrer Zunge und im Mund spüren ...

Hat Ihnen das kleine Experiment gefallen? Konnten Sie spüren, wie sich der Speichel in Ihrem Mund gesammelt hat und wie Sie sich bei der bloßen Vorstellung, den Saft der Zitrone mit der Zunge abzulecken, schütteln mussten? Das ist doch der beste Beweis dafür, dass man mit der reinen Vorstellung schon ganz viel im Körper beeinflussen kann. Um dies noch einmal in aller Deutlichkeit zu demonstrieren, möchte ich Ihnen nun die erste Phantasiereise vorstellen, bei der in diesem Fall immer zwei Kinder zusammenarbeiten müssen.

Stark wie ein Baum, frei wie ein Vogel

Alter: ab 8 Jahren
Teilnehmerzahl: mindestens 2
Material: –

Jeweils zwei Kinder führen diese Übung gemeinsam durch. Das eine Kind stellt sich nach innen (am besten stehen alle im Kreis, so dass die Gruppenleitung sich in den inneren Kreis stellen kann und alle im Blick hat!) und die anderen Kinder in den äußeren Kreis, etwa einen guten Schritt hinter dem Spielpartner. Die Kinder im inneren Kreis schließen ihre Augen und versuchen sich das, was erzählt wird, so gut es geht vorzustellen. Zwischendurch wird eine kleine Pause gemacht, in der die Augen aber geschlossen bleiben sollen. In dieser Pause bekommen die Kinder ein Zeichen und dürfen dann einen Schritt nach vorne gehen

und ihren Spielpartner so gut es geht hochheben, einen Moment oben halten und dann ganz vorsichtig wieder auf den Boden absetzen! Zum Hochheben umklammern die Kinder am besten das Becken des Spielpartners mit beiden Armen und heben diesen ganz senkrecht nach oben.

Wenn die Geschichte zu Ende ist, bekommen die Kinder ein Zeichen und dann werden alle SpielerInnen im Innenkreis noch einmal hochgehoben. Nach einem weiteren Signal dürfen die Kinder ihre Augen wieder öffnen. Anschließend werden die Rollen einmal gewechselt, bevor ein intensiver Austausch über die Erfahrungen stattfindet.

Stelle dich so hin, dass deine Beine etwa hüftbreit auseinander am Boden stehen und du einen sicheren Stand bekommst ... Dann schließe deine Augen und höre mir gut zu ...
Stelle dir nun einmal vor, du bist ein Baum ... Ein richtig großer, starker Baum mit einer prächtigen Baumkrone ... Dein Baumstamm ist ganz dick und stabil, so dass nur mehrere Kinder gemeinsam ihn umfassen können ... Deine langen Wurzeln ragen bis tief in die Erde hinein ... Ganz tief sind sie in der Erde verankert und verwurzelt ... Deine Wurzeln, die so tief in den Boden hineinragen, geben dir ganz festen Halt und Sicherheit ... Nichts kann dich erschüttern oder umwerfen ... Ganz feste

bist du mit dem Boden und der Erde verankert ... Auch dein Stamm hält dich sicher ... Versuche nun einmal richtig zu spüren, wie fest du mit dem Boden zusammengewachsen bist ... Richtig fest stehst du und keiner kann dich daran hindern ...

(Die Partnerinnen, die im äußeren Kreis stehen, bekommen durch Zuwinken oder Augenzwinkern ein Zeichen, dass sie nun einen Schritt nach vorne gehen und die anderen Kinder hochheben sollen! Nachdem die Kinder wieder auf dem Boden stehen, wird der weitere Text erzählt.)

Nun stelle dir einmal vor, du bist ein Vogel ... Ein kleiner Vogel, der ganz leicht ist und völlig unbeschwert fliegen kann ... Du hast ein wunderschönes, weißes Federkleid und fliegst den lieben, langen Tag durch den strahlend blauen Himmel hindurch ... Von oben sieht die Welt ganz anders aus ... Alles wirkt so klein und unbedeutend ... Du fühlst dich herrlich frei und vollkommen schwerelos ... Ganz leicht ist dein kleiner Vogelkörper, so leicht, dass du ihn beim Fliegen gar nicht spürst ... Es ist so, als hättest du kein Gewicht und wärst so leicht wie die Luft, die hier oben ist ...Du schwebst durch die Lüfte, drehst muntere Kreise und fliegst höher und höher und immer höher hinauf in den Himmel, der warmen Sonne entgegen ...

(Nun bekommen die SpielerInnen wieder ein lautloses Zeichen, dass sie ihre Mitspielerin im inneren Kreis hochheben sollen. Nach einem Moment können diese wieder sachte auf den Boden gestellt werden!)

Jetzt dürfen alle wieder ihre Augen öffnen und mit der Aufmerksamkeit zurück in diesen Raum kommen. Wer mag, kann ein paar Mal tief ein- und ausatmen, sich recken und strecken oder herzhaft gähnen.
Tauscht nun bitte eure Rollen, damit die anderen nun diese Übung machen dürfen.

• **Anmerkung:**
Es ist sinnvoll, dass die Kinder in jedem Fall einmal die Rollen tauschen. Denn bei dieser Übung kann man nur allzu deutlich spüren, wie schwer man ist, wenn man sich zuvor vorgestellt hat, so schwer wie ein Baum zu sein, dessen Wurzeln mit der Erde verankert sind. Es scheint nahezu unmöglich, die SpielerInnen auch nur einen Zentimeter vom Boden zu heben. Nachdem sie sich dann vorgestellt haben, so leicht und schwerelos wie ein Vogel zu sein, erschreckt man sich beim Hochheben fast, weil man den Eindruck gewinnt, als würden die SpielerInnen wirklich nichts mehr wiegen. Und dies geschieht einzig und allein durch die Vorstellungskraft.
Lassen Sie die Kinder sich vielleicht erst einmal in den vorhandenen Zweiergruppen austauschen und schließlich mit der gesamten Gruppe. So erfahren alle, wie jeder sich gefühlt hat, was ihn erstaunt hat etc.

Wer ich bin

Alter: ab 6 Jahren
Teilnehmerzahl: 1 oder mehrere
Material: für jeden Spieler eine Decke und evtl. ein Kissen

Nun schließe deine Augen und versuche einmal, dich innerlich vorzustellen, so als würdest du in einen Spiegel sehen ... Schau dich dabei ganz genau an ... Beginne nun, deinen Kopf zu betrachten. Wie sieht er aus? ... Wie groß ist dein Kopf und welche Form hat er? ... Wie liegen deine Haare und wie trägst du sie am allerliebsten? ... Schau dir dabei auch dein Gesicht an: Augen - Nase - Mund - Kinn - Wangen und die Stirn ... Wenn du damit fertig bist, betrachte deinen Körper ... Wie groß ist er? ... Wie lang sind deine Arme und Beine? ... Hast du große Füße oder eher kleine? ... Nun schau dir deine Anziehsachen einmal gut an ... Welche Dinge trägst du am liebsten und vor allen Dingen in welchen Farben? ... Wenn du nun ganz genau weißt, wie du aussiehst, dann überlege dir einmal, welche Dinge du besonders gerne tust und vor allem besonders gut kannst ... Lass dir ruhig Zeit dabei ... (mindestens 60 Sekunden) Nun schau dich noch einmal ganz besonders gut an ... Siehst du dich nun anders, nachdem du überlegt hast, was du sehr gut kannst? ... All diese Dinge machen dich als eine Persönlichkeit aus ... Nur du bist ganz genauso wie du bist ... Du bist richtig einzigartig und niemand kann dich ersetzen ... Vielleicht kann dir dies das nächste Mal weiterhelfen, wenn du dich schlecht fühlst und du denkst, dass eh alles schief geht und dir einfach nichts gelingen mag.

- **Anmerkung:**

Für die Kinder ist es erst einmal wahrscheinlich ungewohnt, sich so intensiv selbst zu betrachten und über sich nachzudenken. Aber gerade dieses intensive Hinwenden auf die eigene Person kann einem die Augen öffnen. Sicherlich hat jeder Mensch seine Schwächen und Fehler. Dennoch machen auch diese Defizite einen Menschen und somit auch seine Persönlichkeit aus, genau wie die individuellen Stärken und Vorlieben einen Menschen in seinem Charakter prägen.

Ich mag mich

Alter: ab 7 Jahren
Teilnehmerzahl: 1 oder mehrere
Material: für jedes Kind eine Decke
oder weiche Matte, evtl. Kissen

*Stelle dir einen schönen Ort vor, an
dem du jetzt am liebsten wärst ... Das
kann überall dort sein, wo du dich
rundherum wohl fühlst ... Wenn du dir
einen Ort überlegt hast, an dem du
jetzt gerne wärst, versuche dir dort alles ganz genau vorzustellen ... Was gibt
es dort alles? ... Welche Dinge kannst
du sehen? ... Welche Gerüche verbin-
dest du mit diesem Ort? ... Welche Farben wirken dort auf dich? ... Male dir
in Gedanken diesen Ort so wunder-
schön, wie du ihn dir erträumst ...
Dann mache es dir schließlich so richtig gemütlich ... Und wenn du ganz bequem liegst, überlege einen Moment
lang, was du ganz besonders an dir
und deinem Aussehen magst ... (1 Minute)
Denke nun eine Weile darüber nach,
welche Eigenschaften du besitzt, die du
ganz besonders schätzt ... Vielleicht bist
du jemand, der besonders zuverlässig
ist oder gut zuhören kann? ... (1 Minute)
Und jetzt möchte ich dich bitten, dass
du dir überlegst, welche Dinge du besonders gut kannst ... Vielleicht bist du
sehr sportlich und kannst deshalb gut
schwimmen ... Oder du kannst ein Instrument spielen oder tolle Dinge basteln ... (1 Minute)
Wenn du nun diese Dinge noch einmal
betrachtest, über die du soeben nachge-
dacht hast, gibt es doch eine ganze Reihe von Sachen, die toll an dir sind und
die dich liebenswert machen ... Sag dir
deswegen nun einige Male in Gedanken den Satz: Ich mag mich! (30 Sekunden)
Wenn es dir irgendwann einmal nicht
gut gehen sollte oder du schlecht drauf
bist, denke einfach an diese Übung und
sage dir in Gedanken den Satz: Ich
mag mich! Sag ihn dir ruhig einige
Male vor, dann wirst du dich gleich besser fühlen!
Doch nun beende die Übung und komme nach deinem eigenen Tempo zurück
in diesen Raum ...*

- **Anmerkung:**
Lassen Sie die Kinder die Dinge, die
sie an sich mögen und während dieser
Übung herausgefunden haben, aufma-
len oder aufschreiben. Dieses Bild können sich die SpielerInnen an einem
schönen Ort ihrer Wahl (vielleicht über
dem Schreibtisch oder Bett) aufhängen.
So werden sie ständig daran erinnert,
dass sie sich mögen und viele Dinge
ganz besonders an ihnen sind. Dies
stärkt ihr Selbstvertrauen und macht ihnen Mut, wann immer sie ihn brauchen!

Sich selbst ein Freund sein

Alter: ab 7 Jahren
Teilnehmerzahl: 1 oder mehrere
Material: pro Kind eine Decke oder Matte, evtl. Kissen

Nun versuche dir einmal vorzustellen, dass du dich in einer Situation befindest, in der du dich überhaupt nicht wohl fühlst und du darüber sehr un-

glücklich bist ... Vielleicht fühlst du dich allein gelassen und bist so traurig, dass du auf der Stelle losweinen möchtest; wenn doch nur ein Freund da wäre ... Versuche dir nun noch vorzustellen, dass neben dir dein Doppelgänger oder dein Spiegelbild sitzt ... Auf einmal gibt es dich in doppelter Ausführung ... Was würdest du als dein Doppelgänger in dieser Situation tun? ... Wie könntest du dich am besten trösten, dir Mut machen und die gute Laune wieder herstellen? ... Wäre dir als trauriges und verzweifeltes Kind am liebsten, wenn dich dein Spiegelbild fest in den Arm nehmen würde und dich tröstete? ... Du könntest weinen, wenn dir danach wäre und dein Spiegelbild könnte dir dabei sanft über den Kopf streicheln ... Oder soll dir dein Spiegelbild lieber etwas Lustiges erzählen oder dir Mut zusprechen? ... Dein Spiegelbild kann alles das, was du dir von ihm wünschst ... Du musst es dir nur vorstellen ...
Lass dir Zeit dabei und überlege, was dein Spiegelbild alles mit dir machen soll und was du gerne mit deinem besten Freund unternehmen würdest ...
(ca. 1 bis 2 Minuten)
Langsam wird es an der Zeit, wieder zurückzukehren und dich für heute von deinem Spiegelbild zu verabschieden ... Aber es wird dir sicherlich helfen, wenn du dir vorstellst, dass dein bester Freund in Gedanken bei dir ist ... Wenn

du wieder einmal in einer Situation bist, in der du von einem guten Freund Hilfe gebrauchen kannst, stelle dir in Gedanken dein Spiegelbild vor und wünsche dir von ihm, was du in diesem Moment am allerliebsten hättest ... Das wird dir sicherlich weiterhelfen ... Doch nun öffne ganz langsam deine Augen und komme zurück in diesen Raum ...

* **Anmerkung:**

Diese Übung sollte man nur in kleinen Gruppen durchführen, um Gefühle von Kindern sorgsam auffangen zu können. Es kann vorkommen, dass eines der Kinder zu weinen beginnt, weil es solche Situationen kennt, in denen es sich alleine fühlt. Sprechen Sie ihm Mut zu und reden Sie mit ihm über die Gefühle, die es hat oder die während dieser Übung aufgekommen sind.

Darüber hinaus sollten Sie diese Übung erst dann durchführen, wenn Sie die Kinder gut kennen und diese auch miteinander vertraut sind und sich mögen. In zu großen Gruppen kommen sich die Kinder auch während einer solchen Übung schnell verloren vor, wenn mehr als vier bis sechs Kinder anwesend sind. Auch Sie als Gruppenleitung haben bei einer solchen Kleingruppe lediglich die Möglichkeit, Probleme aufzufangen und intensive Gespräche mit den Kindern zu führen!

Meine Quelle der Kraft

Alter: ab 6 Jahren
Teilnehmerzahl: 1 oder mehrere
Material: –

Stelle dich nun bequem hin und sieh zu, dass du einen festen Stand hast ... Am besten stellst du deine Füße etwa hüftbreit auseinander ... Wenn du einen sicheren Stand gefunden hast, schließe deine Augen und achte einen Moment auf deinen Atem, der ganz ruhig und regelmäßig in dir fließt ...
Stelle dir nun vor, dass du tief in deinem Bauch eine kleine Quelle hast, die dort entspringt ... Es ist die Quelle der Kraft ... Diese Quelle versorgt dich ständig mit Kraft ... Immer dann, wenn dein Körper neue Kraft braucht, schöpft er etwas von dem klaren Wasser aus der Quelle ... Ich möchte dir nun ein kleines Geheimnis verraten, das du gut hüten musst ... Und zwar kannst du diese Quelle der Kraft in dir wachsen lassen, damit sie dir immer wieder neue Kraft geben kann ... Dazu musst du deinen Atem bis tief in den Bauch hineinfließen lassen ... Mit jedem Atemzug, der bis in deinen Bauch hineinströmt, wird die Quelle der Kraft
größer und größer ... Lass die Quelle der Kraft solange wachsen, bis du meinst, genug Kraft aus ihr schöpfen zu können ... Lass deinen Atem dabei ganz tief in dich hineinfließen ... Ganz ruhig und regelmäßig fließt dein Atem dabei ...
Schließlich ist deine Quelle der Kraft groß genug, so dass du reichlich neue Energie aus ihr schöpfen kannst ... Denke immer daran, dass diese Quelle tief in dir sitzt und sie dir helfen kann, wenn du wieder einmal neue Kraft gebrauchen kannst!
Beende nun die Übung, indem du einige Male tief ein- und ausatmest, deine Hände zu festen Fäusten ballst und dich ausgiebig reckst und streckst ...

• **Anmerkung:**
Wenn es den Kindern unangenehm sein sollte, diese Phantasiereise im Stehen durchzuführen, können sie sich auch auf den Boden legen. Aber dann bitte so, dass alle flach auf dem Rücken liegen, damit der Atem wirklich frei und ungestört in den Körper fließen kann. Für einige wird es eine Hilfe sein, wenn sie anfangs erst einmal ihre Hand auf dem Bauch ruhen lassen. So spüren sie den Atem und den Ort, an dem die Quelle der Kraft verborgen liegt!

Der Zaubertrank, der mutig macht

Alter: ab 5 Jahren
Teilnehmerzahl: 1 oder mehrere
Material: jedes Kind braucht eine Decke oder Matte, evtl. noch ein kleines Kopfkissen

Stell dir einmal vor, du spazierst über eine schöne Wiese ... Es ist ein heller, freundlicher Tag und der Himmel über dir leuchtet in hellem Blau ... Die Sonne steht hoch oben wie ein goldener Ball am Himmel und schickt ihre warmen Strahlen auf dich und diese Wiese herab ... Unter deinen Füßen spürst du das weiche, warme Gras, und die vielen, bunten Blumen erfreuen dich ... Von irgendwoher hörst du einige Vögel, wie sie leise ihre Lieder singen ... Alles ist so wunderbar ruhig und still hier ... Du genießt es, einmal nichts tun zu müssen und gehst frohen Mutes weiter auf der Wiese entlang ... In einiger Entfernung entdeckst du vor dir ein Schloss ... Das Schloss leuchtet im hellen Licht der Sonne, und zu dem Palast hinauf führt eine weiße Marmortreppe ... Langsam näherst du dich dem Schloss und steigst schließlich die Treppenstufen hinauf ... Die goldene Schlosstür öffnet sich und vor dir steht eine Fee. »Komm herein!«, bittet sie dich freundlich und führt dich zu einem Thron, der aussieht, als wäre er aus einem Stück vom Regenbogen gemacht! Auf dem Thron sitzt ein Zauberer in einem blauen Gewand, auf dem viele goldene Sternchen blitzen. Auf seinem Kopf sitzt ein riesiger Zaubererhut. Der Zauberer bittet dich, neben ihm Platz zu nehmen. Dann öffnet er seine rechte Hand und heraus hüpfen ein paar kleine Sterne. In seiner Hand liegt eine kleine Flasche. »Hier!«, sagt der freundliche Zauberer mit ruhiger Stimme. »Das ist eine Flasche, in der sich ein Zaubertrank befindet. Dieser Zaubertrank macht mutig. Wenn du also

einmal ganz viel Mut brauchen kannst, öffne einfach die Flasche und trinke einen kleinen Schluck des Zaubertranks. Dann wirst du mutig sein und nichts kann dir mehr Angst machen. Pass gut auf den Zaubertrank auf!« Mit diesen Worten beendet der weise Zauberer seine Rede und verabschiedet sich von dir. Die Fee begleitet dich zur Tür und winkt dir noch zu, als du die Marmorstufen des Palastes hinabsteigst. Frohen Mutes wanderst du auf der wunderschönen Wiese zurück und machst schließlich eine kleine Rast an einer Stelle, die dir besonders gut gefällt und an der die schönsten Blumen wachsen. Du legst dich in das weiche Gras und spürst, wie ruhig und entspannt du bist ... Deine Arme und Beine sind angenehm schwer ... Die Sonne wärmt dich mit ihren vielen, warmen Sonnenstrahlen und du fühlst dich rundherum glücklich und geborgen ... In deiner Hand hältst du die kleine Flasche mit dem Zaubertrank, der mutig macht. Und so beginnst du zu träumen ... Du träumst von vielen Situationen und Gelegenheiten, bei denen du einen solchen Zaubertrank, der Mut macht und alle Angst verschwinden lässt, gut ge-

brauchen kannst ... Du träumst den Traum vom Zaubertrank, der mutig macht ... (mindestens 2 Minuten) Nun ist es langsam an der Zeit, wieder nach Hause, hier in diesen Raum zurückzukehren ... Öffne langsam deine Augen und atme tief durch ... Am besten reckst und streckst du dich, bis du dich wieder frisch und voller Kraft fühlst!

- **Anmerkung:**

Während der relativ langen Pause am Schluss der Phantasiereise kann man ganz leise meditative Musik einspielen lassen. Stücke, die sich für solche Geschichten sehr gut eignen, finden Sie beispielsweise auf der MC *Meditation für Kinder* von Christiane Sautter aus dem Ch. Falk Verlag oder auf der MC *Sandalin* von Lawrence Carls aus dem Verlag Neptun Edition.

Sprechen Sie mit den Mädchen im Anschluss über den Zaubertrunk. Wofür würden diese ihn brauchen, in welcher Situation würden sie ihn einsetzen? Wenn es den Kindern lieber ist, können sie ihre Antworten auch auf ein Blatt Papier schreiben!

Mut tut gut

Text und Musik: Klaus W. Hoffmann

Wenn Du es wagst, dei-ne Mei-nung zu sa-gen, wenn du Er-
wach-se-ne lö-cherst mit Fra-gen, wenn du es schaffst dei-ne Angst zu be-
zwin-gen, mit ei-nem Kopf-sprung ins Was-ser zu sprin-gen, dann hast du
Mut, hast du Mut, dann hast du Mut, und Mut tut gut.

Wenn du dem hilfst, den die andern verlachen,
wenn du es zugibst, auch Fehler zu machen,
wenn du die Angst irgendwann überwindest,
ganz offen sagst, was du gut und schlecht findest,
dann hast du Mut,
und Mut tut gut.

Wenn du versuchst einen Streit zu verhindern,
wenn du ein Lied singst vor fünfhundert Kindern,
wenn du dich traust, dich verrückt zu verkleiden,
obwohl du weißt, sowas mag keiner leiden,
dann hast du Mut,
und Mut tut gut.

Der Baum der Weisheit

Alter: ab 7 Jahren
Teilnehmerzahl: 1 oder mehrere
Material: für jedes Kind eine Decke
und evtl. ein Kopfkissen

Stell dir einmal vor, du machst einen wunderschönen Spaziergang durch den Wald. Es ist ein heller, freundlicher Tag und die Sonne schickt ihre leuchtenden Strahlen durch die Baumkronen zu dir herab. Ganz friedlich und still ist es hier ... Du genießt die Ruhe um dich herum und nimmst das leise Zwitschern der Vögel wahr, die hoch oben in den Bäumen sitzen und ihre Lieder singen ... Unter deinen Füßen raschelt ab und an das Laub, das auf dem Boden des Waldes liegt ...
Während du den Waldweg entlanggehst, denkst du darüber nach, dass du dich manchmal in deiner Haut nicht wohl fühlst, weil dir in bestimmten Situationen der Mut fehlt oder du vor etwas Angst hast ...
Und während du so in deine Gedanken vertieft bist, endet der Waldweg, auf dem du gegangen bist, und vor dir liegt eine wunderschöne Lichtung ... Mitten auf dieser Lichtung steht ein riesiger, alter Baum, der eine traumhaft schöne Baumkrone hat, die sich im Wind ganz leicht hin und her bewegt ... Mit gemütlichen Schritten näherst du

dich dem Baum und plötzlich vernimmst du eine ganz leise, aber äußerst freundliche und angenehme Stimme: »Hallo, komm ruhig näher! Gestatten, ich bin der Baum der Weisheit, weil ich einer der ältesten Bäume bin, die es hier auf dieser Erde gibt. Oft kommen Menschen von weit her, um mich um Rat zu fragen. Da ich schon so viele Jahre lebe, weiß ich nämlich sehr viel. Vielleicht gibt es ja auch ein Problem, das du im Moment auf dem Herzen hast oder es gibt etwas, das du mich fragen möchtest. Überleg ruhig eine Weile lang. Du kannst mich alles fragen.«
Du überlegst einen Moment und weißt dann, was du den Baum der Weisheit fragen möchtest. Du stellst dich an den dicken Baumstamm und flüsterst dem Baum deine Frage zu ... (30 Sekunden) Der Baum der Weisheit lächelt dir zu und sieht aus, als würde er angestrengt darüber nachdenken, was er dir auf diese Frage antworten soll. Dann beugt er sich vorsichtig zu dir herunter. Sein Stamm knarrt dabei ganz leise und flüstert dir die Antwort in dein Ohr hinein, denn schließlich ist die Antwort nur für dich allein bestimmt und niemand soll sie mitbekommen. Also sei jetzt ganz still und lausche den Worten des Baumes ... (30 bis 60 Sekunden) »Behalte die Antwort gut!«, bittet dich der Baum der Weisheit, bevor er sich von dir verabschiedet. Er ist nun ganz

furchtbar müde, denn es kommt schließlich nicht alle Tage vor, dass er eine solche Frage beantworten soll. Der Baum der Weisheit winkt dir noch zu, als du schon auf dem Heimweg bist und ihn kaum mehr erkennen kannst. Schließlich kommst du nach Hause zurück und öffnest deine Augen ...

* **Anmerkung:**

Bieten Sie den Kindern, vorausgesetzt sie können bereits schreiben, die Möglichkeit, die Frage, die sie dem Baum der Weisheit gestellt haben und seine Antwort aufzuschreiben. Vielleicht möchten die Kinder Ihnen die Antwort lieber ins Ohr flüstern oder sogar der Gruppe mitteilen, was sie gefragt und welche Antwort sie vom Baum erhalten haben. Es spielt überhaupt keine Rolle, welche Frage die Kinder gestellt haben. Denn die Kinder haben genug Grund gehabt, diese Frage zu stellen, sonst wäre es eine andere gewesen, die ihnen wichtiger war.

Vielleicht hilft es den Kindern, darüber zu reden, wie sie mit der Antwort des Baumes umgehen, was sie damit anfangen oder daraus machen werden. Es gibt sicherlich Kinder, denen die Antwort viel bringt, aber auch andere, die mit einer anderen Antwort oder einem anderen Rat gerechnet hatten. Dies finden Sie nur durch persönliche Gespräche heraus. Wenn Sie merken, dass Kinder dabei sind, die nicht darüber reden möchten, sollten Sie fragen, ob diese lieber etwas dazu malen möchten. Auf keinen Fall sollten Sie die Kinder dazu zwingen, etwas zu erzählen. Vielleicht ergibt sich das hinterher ganz von selbst, wenn erst einmal andere Kinder über ihre Fragen und Antworten berichtet haben!

Heilendes Licht

Alter: ab 5 Jahren
Teilnehmerzahl: 1 oder mehrere
Material: Decken, Matten und ggf.
Kissen

Stell dir einmal vor, in deinem Kopf sitzt eine kleine Sonne, die zaubern kann ... Diese Sonne schickt ihre zaubernden Strahlen aus, die dich heilen ... Jede Stelle deines Körpers, an die der Sonnenstrahl mit seinem heilenden Licht kommt, wird im Nu geheilt und von aller Angst und allen Schmerzen, die dort sind, befreit ... Als Erstes befreit die zaubernde Sonne mit all ihren heilenden Sonnenstrahlen deinen Kopf von Ängsten, die du vielleicht hast, Problemen, Schmerzen, Spannungen oder allen anderen Dingen die dort nicht sein sollen ... (30 Sekunden) Hast du gut Acht gegeben, dass die heilenden Sonnenstrahlen deinen ganzen Kopf gereinigt und geheilt haben? ... Dann horch einen Moment lang in dich hinein und versuche herauszufinden, an welche Stellen im Körper du die heilenden Sonnenstrahlen gerne einmal hinschicken möchtest, um dort allen Schmerz oder alle Angst fortzuzaubern ... Die heilenden Sonnenstrahlen können dir auch Wärme schenken, wenn du frierst oder du es gerne ein bisschen wärmer hättest ... Schicke also die Sonnenstrahlen an die Körperstellen, an denen du sie brauchst ... Genieße die angenehme Wärme, die die heilenden Sonnenstrahlen mit sich bringen ... Die angenehme Wärme verteilt sich im ganzen Körper ... Wenn du nun noch eine Stelle im Körper vergessen hast, an die die heilenden Sonnenstrahlen mit ihrem hellen Licht kommen sollen, schicke sie mit Hilfe deiner Gedanken dort hin ... (30 Sekunden) Nun ist dein Körper von allen Ängsten, Problemen, Sorgen, Schmerzen und allen anderen unguten Dingen befreit ... Wenn du die heilenden Strahlen der zaubernden Sonne wieder einmal dringend brauchst, denke einfach an sie und lass die Strahlen durch deinen Körper hindurchwandern ... Doch nun komme allmählich, in deinem eigenen Tempo, zurück in diesen Raum und öffne deine Augen ...

* **Anmerkung:**
Das Bild der heilenden Sonnenstrahlen wirkt harmonisch auf den Körper und bietet Kindern die Möglichkeit, sich dadurch von Ängsten oder dergleichen zu befreien.
Man kann zu dieser Übung tolle Wandbilder mit Kindern gestalten. Beispielsweise mit einem Kinderkörper, durch den die Sonnenstrahlen wandern! Dieses Bild erinnert die Kinder zugleich ständig an die Möglichkeit, sich die heilenden Sonnenstrahlen bei Bedarf wieder vorzustellen!

Der Zauberstab, der Angst in Mut verzaubert

Alter: ab 6 Jahren
Teilnehmerzahl: 1 oder mehrere
Material: Decken, Matten und Kissen

Stell dir einmal vor, du machst einen Spaziergang und gehst an einem kleinen Bach entlang ... Dieser Bach plätschert lustig vor sich hin und du genießt die Ruhe an diesem Ort. Während du so von Stein zu Stein hüpfst, entdeckst du einen kleinen Schmetterling. Dieser kleine Schmetterling flattert aufgeregt vor dir hin und her, als wenn er dir etwas mitteilen wollte. Du fasst dir ein Herz und folgst dem kleinen Tier. Es führt dich an eine Stelle, an der hohes Gras wächst. Aus den hohen Grashalmen blitzt etwas Gläsernes im Licht der warmen Sonne hervor. Vorsichtig und ganz behutsam ziehst du es hervor und erkennst, dass es ein richtiger Zauberstab ist. Dieser Zauberstab zeigt dir direkt sein Können und hüpft dir aus der Hand. Er malt in den sandigen Boden vor deinen Füßen. Es sieht fast so aus, als wolle er dir etwas in den weichen Sand schreiben. Als du genauer hinsiehst, kannst du lesen, was dir der Zauberstab in den Sand geschrieben hat: Ich kann Angst in Mut verzaubern! Oh, denkst du, das Gefühl, vor etwas Angst zu haben, kenne ich gut. Ich werde mir den Zauberstab für ein paar Tage ausleihen, vielleicht kann er mir tatsächlich helfen ...
Du hältst den gläsernen Zauberstab fest in deiner Hand. Als du wieder an dem kleinen Bach ankommst, hast du Lust, dich noch eine Weile an diesem schönen Ort auszuruhen. Du setzt dich auf einen über den Bach gekippten Baumstamm und lässt deine Füße ins Wasser baumeln. Die warme Sonne wärmt deinen Körper und du fühlst dich rundherum wohl und sicher. Du schließt deine Augen und beginnst zu träumen ...

*Du träumst von dem gläsernen Zauber-
stab, der Angst in Mut verzaubern kann
und denkst an viele Situationen, in denen er dir hilfreich sein kann. Und tatsächlich fallen dir sofort einige ein ...
(ca. 2 bis 3 Minuten)
Nun neigt sich der Tag langsam dem
Ende zu. Es wird Zeit für dich, dich
auf den Heimweg zu machen. Atme einige Male tief ein und aus ... Dann balle
deine Hände zu festen Fäusten, recke
und strecke dich, bis du dich wieder
voller Kraft und Energie fühlst!*

• **Anmerkung:**
Geben Sie den Kindern – wie nach jeder Phantasiereise –, die Möglichkeit,
sich über die Erfahrungen und Eindrücke auszutauschen. Lassen Sie die Kinder berichten, in welchen Situationen
sie einen solchen Zauberstab gebrauchen könnten und vor welchen Dingen
sie Angst haben, obwohl sie gerade da
Mut gebrauchen könnten.
Fragen Sie die Kinder, was ihnen zu
mehr Mut verhelfen würde und ob die
anderen hier aus der Gruppe dazu bei-
tragen können.

Wenn ich ein Baby wär

Alter: ab 6 Jahren
Teilnehmerzahl: 1 oder mehrere
Material: für jedes Kind eine Decke,
Matte und evtl. ein Kopfkissen

*Wenn du nun deine Augen schließt, bit-
te ich dich, dir einmal vorzustellen, wie
es wäre, wenn du noch einmal klein
wärst ... So klein wie ein neugeborener
Säugling ... Wie würdest du dich fühlen? ... Wäre dies ein tolles Gefühl,
noch einmal so klein zu sein? ... Meinst
du, dass kleine Kinder und vor allen
Dingen Babys mehr geliebt werden als
ältere Kinder, die schon viele Dinge
können und selbstständig sind? ... Denke ruhig einen Augenblick darüber
nach, welche Vorteile du hättest, wenn
du ein Baby wärst ... (1 bis 2 Minuten)
Nun stelle dir vor, wie du als Baby liebevoll in den Arm genommen wirst und
wie man dich ganz sanft hin und her
wiegt ... Ganz behutsam geht man mit
dir um und jeder schenkt dir ganz viel
Aufmerksamkeit ... Dir wird zart über
deinen kleinen Kopf gestreichelt und du
wirst herumgetragen ... Beim Spaziergang liegst du warm verpackt in einem
gemütlichen Kinderwagen und kannst
dir die Umgebung in aller Ruhe ansehen ... Für dich als Baby gibt es keine
Hast und Eile ... Das Wichtigste aber
ist, dass man von dir nichts erwartet ...*

*Du darfst den ganzen Tag genießen
und musst keine Aufgaben erfüllen ...
Stelle dir ruhig noch einen Moment
vor, sicher auf dem Arm gehalten und
herumgetragen zu werden ... (1 Minute)
Nun beende diese Übung und komme
nach deinem eigenen Tempo zurück in
diesen Raum ... Am besten atmest du einige Male tief ein und aus ... Dazu soll-
test du dich auch gründlich recken und
strecken ...*

• **Anmerkung:**
Ältere Kinder sind oft neidisch und geradezu eifersüchtig auf jüngere Ge-
schwister, denn sie bekommen das Gefühl, dass alle Welt nur an sie allein Er-
wartungen stellt und die jüngeren immerzu verwöhnt werden und die meiste
Aufmerksamkeit auf sich ziehen. Nicht
nur da fühlen sich besonders Mädchen
stark benachteiligt. Auch im Kindergar-
ten oder in der Schule stehen in der Regel mehr Jungen im Vordergrund und
ziehen den größten Teil der Aufmerk-

samkeit auf sich. Denn Jungen fallen
häufig durch innerliche Unruhe auf,
durch ständiges Zappeln und aus der
Reihe Tanzen und auch dadurch, dass
sie gerne raufen. Auch beim Spielen,
Reden oder Erzählen sind sie fast immer wesentlich lauter als die meisten
Mädchen.

Deshalb ist diese Übung für Mädchen
besonders schön, weil sie sich in die
Vorstellung, ein hilfloses Baby zu sein,
richtig hineinträumen können. Denn Babys ziehen nun einmal große Aufmerksamkeit auf sich und werden viel getragen, geschaukelt und liebkost, wenn sie
schreien oder unzufrieden sind. Große
Kinder dagegen werden höchstens er-
mahnt, wenn sie einen schlechten Tag
haben, sie sich nicht wohl fühlen und
deswegen herumnörgeln!

Tauschen Sie sich mit den Mädchen
aus, wie sie sich bei dieser Phantasiereise gefühlt haben und lassen Sie sie die
Vorteile diskutieren, die Babys ihnen
gegenüber haben!

Mutmachlied für Mädchen

Text und Melodie:
Klaus W. Hoffmann

1. Du wärst gern ein mu - ti - ges Mäd - chen, doch auf
Bäu - me klet - tern kannst du nicht. Al - le la - chen o - ben im
Baumhaus, du stehst un - ten, Trä - nen im Gesicht. Und nun
weißt du nicht so recht weiter, willst dich nicht blamie - ren, hast
kei - nen Mut. Glau - be nicht, die ü - ber dich lachen, machen
al - les rich - tig, per - fekt und gut. Laß dich nicht ent -
mu - ti - gen, wenn's nicht klappt, fang noch - mal an.
Frag einen, der weiß, wie's geht, und es dir auch zeigen kann.

Wenn ich ein Zauberer wär ...

Alter: ab 6 Jahren
Teilnehmerzahl: 1 oder mehrere
Material: für jedes Kind eine Decke, Matte und evtl. ein Kopfkissen

Stell dir einmal vor, du wärst ein richtiger Zauberer. Ein mächtiger Zauberer mit einem langen Mantel und einem tollen Zauberhut. Das Wichtigste ist natürlich, dass du einen Zauberstab besitzt, mit dem du zaubern kannst, was du nur willst. Überlege dir jetzt eine Weile, was du mit dem Zauberstab alles zaubern würdest ... Welche Dinge würdest du am allerliebsten mit Hilfe deines Zauberstabes weit, weit fort zaubern? Sind dir viele Dinge eingefallen, die du gerne verzaubern möchtest? ... Oder wäre es dir lieber, wenn alles so bliebe, wie es ist? ... Denke noch einen Moment darüber nach, was du am liebsten verzaubern würdest ... Vielleicht ist es ein Problem, das du weit weg wünschst oder etwas, was dir Sorgen macht ... Denk einmal darüber nach, ob das, was du gerne mit dem Zauberstab verzaubern möchtest, nicht auch ohne Zauberei zu ändern und zu lösen ist ... Bestimmt fallen dir Wege und Möglichkeiten ein ... Wenn nicht, frag deinen Zauberstab einfach um Rat.

Wenn du Lust hast, kannst du dich jetzt einmal malen, wie du als Zauberer aussiehst und was du alles verzaubern würdest. Die Dinge, die dir während der Übung durch den Kopf gegangen sind, kannst du aber auch auf einen Zettel schreiben.

So, und nun komme in deinem eigenen Tempo zurück in diesen Raum und öffne deine Augen ...

Literaturempfehlungen zur Förderung von starken Kindern

Bilderbücher

Aliki: *Gefühle sind wie Farben.* Beltz & Gelberg, Weinheim 1987

Braun, Gisela/Wolters, Dorothee: *Das große und das kleine NEIN.* Verlag an der Ruhr, Mühlheim 1991

Cole, Babette: *Prinzessin Pfiffigunde.* Carlsen, Hamburg 1987

Cole, Babette: *König Pfiffikus.* Carlsen, Hamburg 1987

Enders, Ursula: *Schön blöd. Ein Bilderbuch über schöne und blöde Gefühle.* Aurich Verlag, Weinheim 1994

Enders, Ursula: *LiLoLe Eigensinn. Ein Bilderbuch über die eigenen Gefühle.* Aurich Verlag, Weinheim 1994

Mebes, Marion: *Kein Anfassen auf Kommando.* Donna Vita Verlag, Berlin 1992

Mebes, Marion: *Kein Küsschen auf Kommando.* Donna Vita Verlag, Berlin 1992

Tonträger

Grips-Parade 1-3. Musikkassetten mit starken Liedern zum Nachdenken und Mutmachen für starke, pfiffige Kinder von Volker Ludwig & Birger Heymann, Verlag K. Wagenbach, Berlin

Mensch Mädchen! Hörspiel als MC vom Grips-Theater. Patmos, Düsseldorf 1986

Starke Mädchen. Liederheft mit MC. Patmos, Düsseldorf 1995

Bücher für Eltern und PädagogInnen

Ehrhardt, Ute: *Gute Mädchen kommen in den Himmel, böse überall hin. Warum Bravsein uns nicht weiterbringt.* Krüger, Frankfurt 1994

Murdock, Maureen: *Dann trägt mich meine Wolke ... Wie Große und Kleine spielend leicht lernen.* Bauer, Freiburg 1987

Preuschoff, Gisela: *Kinder zur Stille führen. Meditative Spiele, Geschichten und Übungen.* Herder, Freiburg 1996

Rücker-Vogler, Ursula: *Bewegen und Entspannen. Spiele und Übungen für Kinder.* Ravensburger, Ravensburg 1994

Scheu, Ursula: *Wir werden nicht als Mädchen geboren – wir werden dazu gemacht. Zur frühkindlichen Erziehung in unserer Gesellschaft.* Fischer, Frankfurt, 20. Auflage 1995

Seyffert, Sabine: *Komm mit auf meine Traumwiese. Autogenes Training für Kinder.* Musikbär Verlag, Schriesheim 1995

Seyffert: Sabine: *Ein Himmel voller Luftballons. 100 Spiele mit Luftballons zum Toben, Entspannen und Träumen.* Menschenkinder Verlag, Münster 1996

Seyffert, Sabine: *Dschungelfest und Ritterparty. Mit Kindern feiern.* Menschenkinder Verlag Münster 1996

Seyffert, Sabine: *Viele kleine Streichelhände. Kinder massieren Kinder.* Menschenkinder Verlag, Münster 1997

Alle Spiele auf einen Blick

Quellenverzeichnis

Für die Erlaubnis zum Abdruck folgender Lieder danken wir den Autoren und Verlagen:

Volker Ludwig © und Birger Heymann ©, *Trau dich,* Seite 47, *Mädchen lasst euch nichts erzählen,* S. 49, aus*:* »Grips-Liederbuch«, Verlag Heinrich Ellermann, München 1978

Klaus W. Hoffmann, *Mutmachlied für Mädchen,* S. 87, aus: Klaus W. Hoffmann, MC und Liederheft »Starke Mädchen«, Patmos Verlag, Düsseldorf, 2. Auflage 1996

Klaus W. Hoffmann, *Mut tut gut,* S. 79, © AKTIVE MUSIK Verlagsgesellschaft mbH, Postfach, 44381 Dortmund

Klaus W. Hoffmann, *Der Mutmachvogel,* S. 61, © AKTIVE MUSIK Verlagsgesellschaft mbH, Postfach, 44381 Dortmund

Seminare mit der Autorin

Sabine Seyffert, staatlich anerkannte Erzieherin, Entspannungspädagogin und Psychologische Beraterin ist freiberuflich tätig. Sie bietet Kurse in Autogenem Training für Kinder, Jugendliche und Erwachsene an, Entspannungstrainings für Kinder im Kindergartenalter, Wohlfühlwochenenden sowie mehrere Fortbildungsveranstaltungen zum Thema *Entspannung mit Kindern* für PädagogInnen.

Wer Interesse an Entspannungskursen oder Fortbildungsseminaren hat, kann sich schriftlich an folgende Adresse wenden (bitte 3.- DM in Briefmarken als Schutzgebühr beifügen!):

Praxis für Entspannungspädagogik
z.Hd. Sabine Seyffert
Schlüssel 122
42329 Wuppertal

KRAFTQUELLEN FÜR KINDER

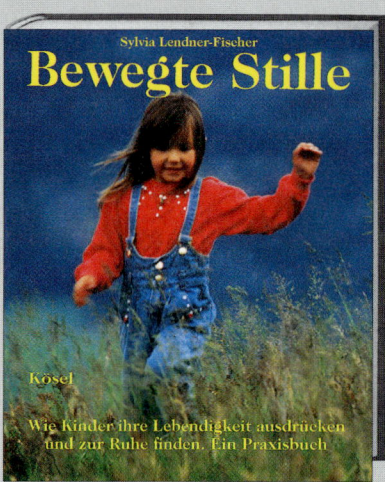

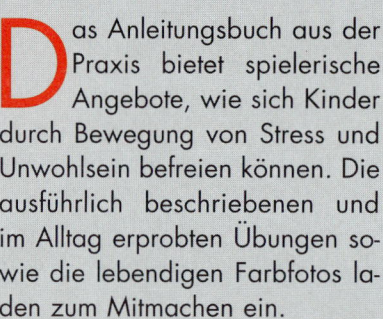

200 S. Zahlr. Farbfotos. Geb.
ISBN 3-466-30428-8

128 S. Farbillustr. v. E. Amode. Geb.
ISBN 3-466-30427-X

Das Anleitungsbuch aus der Praxis bietet spielerische Angebote, wie sich Kinder durch Bewegung von Stress und Unwohlsein befreien können. Die ausführlich beschriebenen und im Alltag erprobten Übungen sowie die lebendigen Farbfotos laden zum Mitmachen ein.

Auf ungewöhnliche Weise gelingt es den Autorinnen, Stille-Übungen für Kinder in ein Umfeld zu stellen, das ihnen auch die Schönheit der Natur nahe bringt und sie über deren biologische Hintergründe informiert. So ist Wissen und Meditation in einzigartiger Weise kombiniert.

Kösel-Verlag München

online: www.koesel.de